「赤旗」が、白旗を上げる日

―日本共産党の終焉―

序文

私が、日本共産党機関紙「しんぶん赤旗」と初めて遭遇したのは、大学4年、当時22歳だった（正確には、その時は「赤旗」という表記であった）。今から実に45年も前のことだ。その「出合い」は最悪と表現してよい。

なぜなら「赤旗」記者は、その当時、私が編集長を務めていた「金沢学生新聞」をつぶしに来たからだ。

私は金沢大学で、大学生や教授、また大学OBらを読者対象とした学生新聞の制作・発行を続けていた。地方ではその当時、大学の数はそれほど多くない。そして、社会が大学生を温かく見守るという空気は今よりも強かったように感じている。国立の金沢大学の前身は旧制第四高等学校。つまり、旧制第一高等学校・東京大学、同第二高等学校・京都大学、同第三高等学校・東北大学に次ぐ立場だったから、なおさらだったのかもしれない。

学生記者だった私は、旧制第四高等学校OBの作家、井上靖の東京都世田谷区赤堤の自宅を訪ねてまとめたインタビュー記事を、新年の金沢学生新聞の一面に掲載したり、評論家、山本七平を大学に呼び、講演会を開催。また、金沢市内はもとより、東京都内の大手企業に勤める金沢大学OBを訪問。出てきた先輩に、「名刺広告をお願いします！」と頭を下げた。すでに、卒業生の多くが役員クラスで活躍されていたので、金沢学生新聞には、東芝、日立製作所など一流企業の広告が掲載された。当時の豊田文一学長はじめ、教授らも喜んで寄稿してくれたので、紙面は充実し、運営面も全く問題はなかった。

そこに東京から、「赤旗」の名刺を持った記者2人が突然、金沢入りしたのである。彼らは、金沢学生新聞の印刷をしている会社を訪ねて、「この金沢学生新聞は、社会的に問題のある団体だ。だから、印刷の取り引きをすぐにやめるように」と申し入れした。さらに、学生新聞に掲載されている広告主に対しても、同様の理由で、「広告を出すことをやめてくれ」と迫った。寄稿している教授らにも、寄稿中止を要請。すなわち、地方大学の学生新聞から、広告、寄稿原稿、印刷所を分断させて、金沢学生新聞をつぶそうとしたのである。

連日、重苦しい空気に包まれ、私は生まれて初めて、夜うなされた。眠れば夢の中で、私の仲間が血を流している場面が出てきたりして、大学に向かう私の足取りは重かった。

さて、どうしたものか——。思案に暮れる私だったが、ある日、一つの聖書の言葉に出合った。

「神は真実な方ですから、あなたがたを、耐えられないほどの試練に会わせることはなさいません。むしろ、耐えられるように、試練とともに脱出の道も備えてくださいます」

（コリント人への第一の手紙10章13節）

そうか。私の目の前の試練は、耐えられないものではなく、解決の糸口があるということなのか。ならば、行動するしかない。

そう決意した私は、言論人として高い見識をお持ちの、京都産業大学の三好修教授を訪問し、インタビュー。学内での様子を伝え、「言論の自由は保障されなければならない」との格調ある話を聞いた。その話をまとめ、東京に飛び、印刷所で号外を印刷して、金沢に戻り、仲間と共に学内で、その号外をまき、「赤旗」記者の暴挙を訴えたのだ――。

約40日後。彼らはとぼとぼと東京に戻ったのである。

後になって聞こえてきた話だが、日本共産党は、日本民主青年同盟（以下、民青）の基盤の強い金沢大学で、保守系の金沢学生新聞をつぶすことができれば、これをモデルケースとして全国にある保守系学生新聞を全滅させる計画であったという。

あれから実に45年の歳月が流れた。一記者として、その後も、日本共産党とやりあってきた。今回は、日本共産党機関紙「しんぶん赤旗」の庁舎内での勧誘・配達・集金問題を扱う。市民・国民の人権を擁護すると謳《うた》う共産党だが、その機関紙の拡大手法において、実に非人道的で、パワハラ的なやり方を行使し、庁舎に勤務する全国の職員を泣かせている。

もはやこれは公然たる事実だが、誰もその問題に斬り込もうとしない。ならば、私がこの問題を扱ってみようではないか。そう考えて、数年前からこのテーマに取り組んできた。庁舎内における赤旗購読の攻防は、まだしばらく続くであろう。だが、それでもゴールは見えているように思える。庁舎内から、現在の拡大手法が一掃されれば、ずいぶんと職員の方々にとっては朗報になると確信している。そのために、この本が少しでもお役に立てば幸いである。

令和6年　穏やかな春の日に

鴨野　守

もくじ

第1章　全国の自治体職員の怨嗟《えんさ》をなくすため

新聞離れが加速する現代

急速に進む人口減少、高齢化社会、そしてIT化の波が日本を覆っている。大きな社会変化の中で、さまざまな産業、業種が危機に直面している。その一つに新聞がある。

現在、日本の人口は1年に約50万人減少している。一方、2000年10月に発行総数5370万部だった新聞は、2021年10月に3302万部まで減少。20年間で2000万部も減ったのである（一般社団法人日本新聞協会調べ）。

経済ジャーナリストで千葉商科大学教授、磯山友幸《いそやまともゆき》氏は、2019年1月24日付のウェブメディア「現代ビジネス」に掲載した「新聞部数が一年で222万部減…ついに『本当の危機』がやってきた」という記事の中で、2017年はその前年に比べて115万部減少。2018年は223万部弱も減少した点に着目。磯山氏はこの理由として、見せかけ上の部数を水増しする「押し紙」を止めたり、減らしたりする新聞社が増えたなど、様々な要因があるとしながらも、「実際、紙の新聞を読む人がめっきり減っている」と断言している。

総務省情報通信政策研究所の「令和2年度情報通信メディアの利用時間と情報行動に関する調査報告書」（2021年1月実施）によれば、新聞の平均閲読時間（平日）は10代がわずか１・４分、20代１・７分、30代１・９分と、若い世代には全くと言っていいほど読まれていない。60代の23・２分を含めた全年代の平均でも８・５分に過ぎないという。

新聞社に企業の広報ネタを売り込むＰＲ会社の女性社員でさえも、新聞を１紙も取っていない人がほとんどだ、という笑い話や、「学校が教材として古新聞を持ってくるように言うと、わざわざコンビニで買って来るという笑えない話もある」と、磯山氏は紹介している。

購読する新聞は違っても、どの家庭でもいずれかの新聞を必ず購読していた、という時代はもうすっかり昔の話となってしまったのだ。今日の人口減少に伴う新聞購読者数の減少、新聞離れは、売上減少に直結し、紙面の質と配達エリアにボディブローのようにしてダメージを与えているが、業界関係者はそのような逆境の中で懸命に新聞作りに勤しんでいる。

本著では、そのような状況下で日本共産党機関紙「しんぶん赤旗」（以下「赤旗」）を扱う。どの政党も機関紙を発行しているが、政治に関心のある方は、共産党にとっての機関紙の意味合いが、他の政党とは全く違うことをよく承知されていよう。国家からの政党助成金は「憲法違反」として、その受け取りを拒絶しているのが共産党だ。彼らの主たる財源は、総収入（２０２０年、２０２億８８４９万円）の85・７％を占める、機関紙収入（「赤旗」

２０２１年11月27日付)。まさにドル箱である。

部数減で苦戦を強いられる「赤旗」

一般的に「機関紙」というものは、同じ思想信条、志を同じくした者たちの教育啓蒙、広報的な役割が強い。ゆえに発行部数は、その会員の数の2、3割がほとんどだ。ところが、共産党の機関紙はその点で全く異色だ。

現在、共産党の党員は約25万人とされる。夫婦で党員である家庭も一定数あるから、機関紙の発行部数は、10万から15万部あれば、大変優れた機関紙と言えよう。ところが、驚くべきことに「赤旗」の発行部数は、日刊紙・日曜版合わせて約85万部という驚異的な部数を誇る。

この部数は、共産党の4倍以上、約１１３万人（２０２０年）の党員がいる自民党の機関紙「自由民主」の68万部を遥かに超えている。

発行部数の多さについて共産党は、「日本共産党が『しんぶん赤旗』を中心に国民と深く結びついて活動していることの反映です」（「赤旗」２０２１年11月27日付）と自慢するが、果たして本当か。25万人の党員を陰で支える大量の熱狂的なシンパが存在するとでも言うのだろうか。

２０２２年夏の参院選で、３６１万を得票した共産党であるから、確かに熱心なシンパが機関紙を購読していることも想像されるが、その数は多くても数万人程度だろう。党員が代金を支払い、「贈呈」扱いで知人やシンパに届けているケースも多いはずだ。

実は、大手日刊紙が部数減で苦戦を強いられている以上に、「赤旗」もまた、それ以上の苦戦を強いられている。

次のページに紹介するのは、警察白書で公表されている共産党の党員数と、機関紙読者数の推移一覧表だ。

共産党の党員数と、機関紙読者数の推移

	共産党員（万）	機関紙（万）
1977年（昭52）	36.6	326.0
1980年（　55）	43.4	355.0
1982年（　57）	47.7	339.0
1985年（　60）	46.9	317.7
1987年（　62）	48.4	317.5
1990年（平２）	46.4	289.0
1994年（　６）	35.7	250.0
1997年（　９）	37.0	230.0
2000年（　12）	38.7	199.0
2004年（　16）	40.4	173.0
2006年（　18）	40.4	164.0
2010年（　22）	40.6	145.4
2012年（　24）	31.8	130.0
2014年（　26）	30.5	124.1
2017年（　29）	30.0	113.0
2020年（令２）	27.0	100.0

（警察白書より）

党員数をまず見てみると、１９８７年の時点で48・４万人とピークを記録。その7年後には35万人台まで一気に減少するが、２００４年には40万人に回復。しかし高齢化と若者層への支持を集めることができず、現在は25万人と言われるが、党費を納めていない「幽霊党員」も高い割合を占めているようだ。

一方の「赤旗」の部数は、１９８０年の３５５万部をピークに、減少傾向に歯止めがかかっていない。ちょうど40年間で、３５５万部の部数は１００万部にまで落ち込んだ。２５５万の読者が消えた。すなわち71・８％減という恐るべき数字である。まさに「つるべ落とし」という表現がぴったりだ。

２００６（平成18）年から２０２０（令和２）年の14年間のスパンで見ると、赤旗の部数は64万部減。１年平均で、４万５７００部が目減りしている。この数字だけ見れば、まだ20年「赤旗」は存続できるかもしれない、と見る人がいるかもしれないが、現実は全く違う。

共産党本部は、すでに赤旗の部数減に対して、「非常事態宣言」を発している。その詳細は本著の中で紹介していく。

「赤旗」の「聖域」と化す自治体庁舎

私が注目しているのが、全国の自治体での庁舎内「赤旗」購読部数だ。私は、全国の県庁、市区町村役場において約15万部から20万部ほどの赤旗が購読されているのではないか、と推測している。その理由はこうだ。

かつて、党員として都内で赤旗配達の経験を持ち、『日本共産党に強制収容所』などの著者である安東幹《あんどうかん》氏は、赤旗拡大の舞台裏を次のように話してくれた。

「日本共産党には、赤旗拡大集中期間というのが年に何回か設けられますが、議員は、まず拡大目標を宣言させられます。例えば、日刊紙10部、日曜版20部とか。そして、『目標達成しろ！』と、厳しく指導されます。そのため、集中期間前に、赤旗を勧誘して購読の約束を取っておいて、期間初日に、拡大したと上部に報告する、要領のいい議員もいます。また、拡大期間のたびに、1か月だけ購読してくれる友人がいて、要領よく、党内でのお叱りを避ける党員もいます」

「赤旗の拡大と党員拡大以外のことを議員がしても、上層部はあまり評価しません。議員は、地域や職場の有力党員とともに、地域や職場を回り、赤旗を勧めて回るのが日課です。成果がなければ、いくら有権者と対話して、次の選挙で共産党に投票してくれると約束をとっても評価されません。上層部から、『本日何が何でも赤旗を一部増やせ！』など激しい電話が掛かってきたりします。部数を増やせないと、成績が悪いということで、議員を外されたりします。そのため、押し売りみたいなやり方で、赤旗を増やしたりしているのです」

１９５８年、宮本顕治が書記長に就任すると、党を挙げて機関紙の拡大に力を投入し、党勢拡大と連携させた。赤旗の購読者は年々増加して、１９８０年頃には日刊紙・日曜版合わせて約３５０万部を超えた。中国の周恩来（初代総理）が、日本共産党を「赤旗株式会社」と呼ぶほどであった。

だが、今日の共産党にかつての勢いはない。それでも、神奈川県鎌倉市の庁舎では一時期、赤旗の購読部数が５００部もあった。その時の共産党議員の数は５人。１人の議員が１００部を拡大した計算だ。

赤旗拡大を議員としての政治活動の中心に置いている共産党の地方議員は、１期４年、2期8年の職務の間に、管理職の職員を相手に熱心に、時に執拗に勧誘し続ける。だから、１人の議員が議員時代に１００部拡大したとしても何ら驚くことはない。

現在、共産党の地方議員の数は2383人（共産党発表　2023年4月30日現在）。それゆえ、全国の県庁や市区町村役場において、約15万部から20万部の赤旗が購読されていたとしても不思議ではないだろう。

高齢化が進む共産党にとって、庁舎内「赤旗」読者は、格別な意味を持つ。役場と関係施設に一度にまとまった新聞を届けられるという点で、配達の手間が大いに省ける。庁舎内で配布するだけだから、天候などに影響を受けない。また購読者は公務員なので、集金ができないというリスクは皆無だ。そして、これが重要な点だが、3月末で定年を迎えて退職したとしても、4月には次の職員が入り、また新たな管理職が誕生する。一般家庭であれば、共産党員が死去すれば、その家庭に配布していた赤旗は止まる可能性が極めて高い。ところが、役場ではそのような心配がない。購読者予備軍が控えているのだ。失礼な例えになるかもしれないが、庁舎内は確実に購読者を獲得できる「釣り堀」のようなものなのだ。

また配達・集金の利便性と一定数の読者が確保できる。さらに言えば、選挙における投票につながる可能性さえある――その意味で、共産党にとって庁舎は、まさに赤旗読者の最大の拠点であり、「聖域」なのだ。新聞の収入は、そのまま党の活動経費となる。共産党議員の普段の政治活動から、議員としての生死を分ける選挙戦に至るまで、機関紙収入なくして何も始まらない。

その結果、職員千数百人の鎌倉市で５００人もの購読者が生まれたのだ。２０２３年１月のＮＨＫ世論調査では、共産党の支持率はわずか２・５％。１５００人いる役場であれば、共産党支持者は38人程度に過ぎない。ところが、そこに５００人もの赤旗読者がいたということはどういうことか。多くの購読者は、本人の意思に反して「取らされていた」ということになるのではないか。

実際、公務員からは次のような怨嗟《えんさ》の声が聞こえてきている。

「日本共産党議員は、役所内で管理職に昇進した職員がいると、すぐにやってきて『しんぶん赤旗』の購読を迫ります。（略）下手に断ると議員活動等で何らかの嫌がらせを受けるのではないかと思い、やむを得ず購読しているという実態です。（略）これは公務員の弱みにつけ込んだ押し売り以外の何物でもありません。

日本共産党は弱者の見方（原文）といいつつも、公務員の弱みにつけ込んだ手法で自分のノルマを果たしているのでしょう。（略）個人の政治信条に反していても購読せざるを得ず、それが共産党の資金源になっていることは耐え難いと感じている公務員が大多数であると思われます」（福島県の月刊誌『政経東北』2017年9月号）

「大学に通う子供を抱えているのに、無駄な支出がふえ、いい迷惑だ。彼らが反対している家庭ごみ有料化よりもはるかにお金がかかります。家庭ごみ有料化でごみは減るが、政党機関紙はごみをふやすだけです。……パワハラです」（金沢市職員の手紙より）

共産党が「聖域」と重視する庁舎内での購読は、こうした公務員たちの苦渋の支出で成り立っている。アイドルを応援するためファンクラブに加入するのとは対照的に、読みもしない新聞の代金をしぶしぶ支払わざるを得ない購読者が集まっているという点で、役所は「歪んだ聖域」とも言える。

ちなみに、日刊紙の赤旗は月3497円。日曜版は930円。日刊紙を10年購読させられれば、41万9640円。親が子供に安い中古車を買ってあげられる金額だ。だが、議員という優越的な立場を利用して、無理矢理職員に購読させるのはパワハラ以外の何物でもない。職場で毎朝、赤旗を見るたび、または共産党議員の顔を見るたび、気分を悪くしている公務員が全国に果たしてどれだけいるのだろうか。そのように不快に感じる公務員が国内に10万人もいたら、たとえそれが10人であろうとも、それは決して見逃してはならない人権問題であり、社会問題だ。

２０２３年に入って、庁舎内における政党機関紙の配達・勧誘・集金の自粛を求める陳情が相次いで提出され、採択した自治体も多いと聞く。

一方の共産党も必死だ。

２０２３年1月、共産党が開いた第7回中央委員会総会（7中総）で、決定された「三つの大仕事」の中に、「１３０％の党」づくりの達成というものがある。

これは、２０２０年の第28回党大会で決定した目標で、２０２３年のうちに達成するという。すなわち、２０２４年1月の第29回党大会までに、２０２０年当時の27万人の党員を36万人に、赤旗の読者を同じく１００万人から１３０万人に増やす、という目標だ。

だが、この目標を推進する党の中核的なメンバーは、もはや皆高齢者である。党員と機関紙の拡大どころか、現状維持ができても奇跡と言えよう。実際、２０２３年の赤旗も約5万部減っているのだから。

そして、赤旗自ら、その紙面で正直に告白しているように、毎月3割前後の党費未納党員がいる。共産党では給与の1％が党費ということになっているから、30万円の給与をもらっている人は3000円支払うわけだ。だが、この金額を支払わないとなれば、その金額を超える日刊紙の代金に対しても一定程度、未払いが存在すると容易に推測される。共産党にとって、これは深刻な問題だ。

共産党京都府委員会は、党員が取り組む活動を示した「4つの大切」の中で、赤旗購読について、「家計が苦しい場合も、支部でよく相談して購読できるよう努力しましょう」と、半ば悲鳴に近い呼び掛けをしている。党本部が5％の機関紙買い取りや学割を導入するなど、赤旗の購読維持に躍起だ。こうして減紙に歯止めをかけて、増紙をめざしたが第29回党大会で発表された党員、赤旗読者数は目標と大きくかけ離れており、目を覆わんばかりだった。

赤旗を主とした機関紙誌等事業活動は、共産党の総収入の85・7％を占める「ドル箱」と書いたが、同事業に要する支出も全体の62・6％を占めている。赤旗が毎年、数万部減少しているのに加えて、庁舎内での赤旗が自粛または中止となれば、さらに共産党の屋台骨が大きく揺れて、激震が走る可能性もある。すでに、日刊紙の赤旗は赤字だが、やめることができないでいる、との報道も出ている。

岐路に立つ日本共産党機関紙「赤旗」――。これまで、誰も触れてこなかった庁舎内「赤旗」勧誘・配達・集金の実態にメスを入れていきたい。

第2章

「赤旗」激減は「日本共産党の終わりを告げる鐘」か

「プロパガンダの武器」としての機関紙

日本共産党が党綱領に奉じ依拠しているイデオロギーは、「科学的社会主義」であるが、これは言うまでもなく「マルクス・レーニン主義」のことである。

そのマルクス主義を築き上げたカール・マルクスは、ギムナジウム時代はユダヤ詩人ハインリヒ・ハイネの影響から詩作に励み、法律家となる父の意向に抗い、ボン大学で法学部に入るも勉学より放蕩の限りを尽くし、父親に金を無心したという。その後ベルリン大学に転じ、ヘーゲル左派との交流の中で左翼方向に思索を深めていき、大学院で哲学の修士学位、イエナ大学では博士論文を提出して、学位を取得した。

だが学位取得後も、ボン大学講師だったブルーノ・バウアーを頼り、ボン大学への就職を試みるも、「無神論者」としてプロイセン当局にマークされ挫折。ライン地方の「ライン新聞」のジャーナリストとなる。ライン新聞は社会主義者でヘーゲル左派と交流のあったモーゼス・ヘスらが創刊、ヘスはミハエル・バクーニンやピエール＝ジョゼフ・プルードンとも既知となり、後にマルクスと共に「第1インターナショナル」設立に参加している。

マルクスは、ライン新聞で編集長に就任したものの、プロイセン当局の検閲により、1

８４３年に廃刊。

その後、マルクスは盟友アーノルド・ルーゲのオファーにより雑誌『独仏年誌』の共同編集長に。しかし、創刊号でマルクスが発表した「ユダヤ人問題によせて」「ヘーゲル法哲学批判序説」が原因で、プロイセンから国外追放された。さらに共産主義者となったマルクスは『共産党宣言』を発表した１８４８年、ケルンで「新ライン新聞」を発刊するも、翌49年にはまたも廃刊に追い込まれている。

かくして大学教授の道を絶たれたマルクスは、ジャーナリストとして社会にアピールしようとしたが、実際には「ブルジョア資産家」の顔を持つフリードリヒ・エンゲルスの支援により「革命家」兼「著述家」としての生活を送った。このようなマルクスの来歴を見れば、いかに共産主義にとっての言論、すなわち機関紙が重要であるかが窺えるのである。

このように共産主義者は、マルクスの時代から新聞・機関紙を、自説を主張し流布する「プロパガンダの武器」として用いてきた。

なかんずく日本共産党は、「平和と民主主義の党」という現在の党綱領にある都合のよい謳《うた》い文句も、当初はハンマーと鎌に象徴される暴力革命路線、「天皇制」打倒を訴えていたのであり、その過去は隠しようがない。

さて「赤旗《せっき》」（現在は「しんぶん赤旗」）は、1928年2月1日に創刊された日本共産党の機関紙である。当時、共産党はコミンテルン（共産主義インターナショナル）の「27年テーゼ」の「平和大衆路線」による「二段階革命論」を標榜。大衆啓蒙のために、コミンテルンからの資金提供をもとに、公然機関紙として「無産者新聞」、非公然機関紙として「赤旗」を発刊したのである。

しかしすぐに幹部たちの逮捕・検挙（三・一五事件、四・一六事件など）が続き、「赤旗」も休刊を繰り返した。

1922年コミンテルン日本支部として結成された日本共産党は、第1次検挙で主要メンバーが逮捕されたため、社会民主主義的大衆路線に活路を見出そうとの意見が強まり、1924年3月に「解党」を決議。しかしこの決定にコミンテルンが激怒し、直ちに「再建」を指示。25年にコミンテルンの意向を反映して、徳田球一ら4人の若手を中心に結成した「中央ビューロー」に、党の再建が図られる。しかし、資金繰りに困った共産党は、シンパ層による資金カンパ網を組織することと、スキャンダラスな「特殊財政活動（拐帯《かいたい》〈預かった金品を持ち逃げする」事件、ギャング事件、美人局《つつもたせ》」といった反社会的行為により資金を調達。しかしこれらの事件が公になり、大衆の人心が完全に失われてしまったことは言うまでもない。

このような状況を打開するために、復刊して軌道に乗せた「赤旗」発行で読者を獲得し、活動資金にするプランを立てるも、目標をクリアできず失敗に終わった。

こうした戦前からの赤旗について、ノンフィクション作家の立花隆は１９７０年代、創設から戦前・戦中までの日本共産党の行動を通して、今日でも消しがたく「プロレタリア独裁と民主集中制」が受け継がれていることを分析し明らかにした。立花の名著『日本共産党の研究』の中で、「共産党の組織は、……レーニンの組織論以来、機関紙によって拡大し、維持し、かつ党内教育をほどこし、党外宣伝をし、いわば、機関紙自身を最大のオルガナイザーとすることによって、発展していく組織だからである。この組織においては、機関紙の命運が、そのまま直接に党組織の命運に結びつく」と述べている。

さらに、立花は同書で、赤旗について「共産党の組織活動は、レーニン以来の伝統で機関紙配布活動と表裏一体となっている。その再建活動も、先の袴田里見の記録にあるように、『赤旗』の購読者名簿が手がかりになっているくらいだから、『赤旗』の発刊状況について述べていくと、それがそのままこの時期の共産党組織の消長を述べることになる」と指摘している。

さて、その共産党の機関紙は党員数に比して、日刊紙と週刊紙（日曜版）を合わせて100万部を割るという「重大な事態に直面」し、「しんぶん赤旗発行の危機招く」と党財務責任者名の「緊急事態宣言」のような記事が掲げられたのが2019年だった。「党財政の9割を占める」と言われていたものが、今や85万部（日刊紙17・4万部、日曜版68万部）まで落ち込んでいるという。なお、党員のほうは2020年の党大会時発表が27万人、2023年4月現在では24・5万人に後退した（「世界日報」2023年4月26日付）。

「科学的社会主義」という欺瞞

ところで本章の冒頭に共産党は綱領で「科学的社会主義を理論的基礎とする」と述べた。繰り返すが、この「科学的社会主義」とは「マルクス・レーニン主義」のことである。

だがこれは本当に「科学」と言えるのか。この問題に「反証主義」によって「疑似科学」

と厳しく批判したのが科学哲学者カール・ポパーである。

ポパー哲学に関し造詣の深い前日銀総裁の黒田東彦氏は、2023年11月1日付日経新聞「私の履歴書」で、「私の知的原点」としてポパーの『歴史主義の貧困』(日経BPクラシックス)を挙げている。黒田氏は同書への解説文で次のように述べている。

「ポパーの最大の貢献は科学哲学における『反証主義』の提唱であり、それが哲学史に残ることは間違いないが、実は、彼の『反証主義』自体がマルクス主義哲学などに対する批判から生まれたことを見逃すわけにはいかない。すなわち、両大戦間の混乱期に、ウィーンでは、マルクス主義者たちが毎日のように起こる事件をすべてマルクス理論の正しさを立証するものと主張していたが、これに違和感を覚えたポパーは、そのころ有力だった理論の『検証主義』を疑うようになったのである。どんな事態が起こっても検証されるような理論は、現実には何も説明しておらず、科学的理論でないのではないか、というのが彼の疑念だった」

昨今、経済思想家の斎藤幸平氏のベストセラー『人新世の「資本論」』(集英社新書)に象徴される資本主義批判と気候変動論からの「マルクスとコミュニズムの再評価」の潮流が、一方ではある。やや恣意的にも思えるこの流れが強調されるのであれば、マルクス主義の「科学性」に疑義を呈したポパーの哲学こそ再評価されるべきである（引用した論文で黒田氏はソ連崩壊以後「近年、ポパーの書が読まれることは少なくなり、その影響力は大きく低下したように見える」と述べている）と思う。その意味で、黒田氏の「ポパー推し」は、「マルクス復権」の動きへの「解毒作用」をもたらす。

こうしたポパー哲学の援用も含めて「科学的社会主義」の欺瞞性を指摘し続けるとともに、歴然とした事実である「赤旗」の「凋落と衰滅」はまさに日本共産党そのものの「落日」を意味することになろう。

言い換えれば、奇しくもマルクスは『資本論』で、「資本主義的私有の最後（終わり）を告げる鐘が鳴る」と書いた。今まさに、赤旗の発行部数の激減に慄《おのの》く共産党にとって、自らの「党の終わりを告げる鐘」として赤旗の置かれた状況が、党の行く末を物語ると言っても過言ではあるまい。

第3章

「赤旗」拡大の悲惨な内幕

「機関紙による革命」を目指す

中国の周恩来をして、「赤旗株式会社」と言われたとされる日本共産党。それほどまでに、日本共産党は、赤旗拡大に全力を投入してきた。赤旗を通じて、党員の教育啓蒙を担い、党勢拡大を推進し、それが党財政の大黒柱となってきたのは紛れもない事実だ。その歴史と内幕を、関係者らの証言で再現していきたい。

京都大学法学部在学中に共産党に入党した兵本《ひょうもと》達吉氏は、大学を中退して、党の専従となった経歴の持ち主だ。

共産党国会議員秘書時代の1987年11月に起きた大韓航空機爆破事件が北朝鮮工作員の手によるものであるとの報道に衝撃を受け、関連調査を進めている中で、日本人拉致事件は「北朝鮮による関与が濃厚」とする政府答弁を引き出す立役者となった人物である。

だが、1998年、共産党から「公安警察のスパイ」とされて除名処分になった。

その兵本氏が著した『日本共産党の戦後秘史』（産経新聞出版、2005年）の中に、赤旗の伸張の様子が、活き活きと描写されている。当時の機関紙「アカハタ」の日曜版は1959年3月に創刊された。その頃の編集委員、高野好久氏によれば、宮本顕治が「『アカハタ』は堅苦しく、面白くない。もっと面白くてためになる新聞、娯楽の要素も盛り込んだ大衆的な新聞を作ろう」と日曜版を提案した。

「高野の話によれば、大衆的な日曜版を創刊することになって、『アカハタ』編集部は、急に活気づいてきた。色々な提案が出され、上を下への大騒ぎをしながら、紙面作りが行われた。一面トップには、オッパイが盛り上がった当時の人気女優ブリジット・バルドーの写真を使うことにした。『へー、そこまでやるのか』とこれまた上を下への大騒動となりながらも印刷することにした…」

刷り上がってきた紙面には、印刷所の労働者がバルドーの首から下を切ってしまい、お目当てのオッパイはなかったという。しかし、紙面は好評で、飛ぶように売れた。

「悲しいかな日本共産党。党創立以来大衆から大歓迎されるという経験は殆どなかった。恐る恐る一〇万部を目標にして党員に『拡大』（普通の新聞では拡張といっている）を呼び掛けると、難なく目標を達成してしまった。そこで次は二〇万部を目標に設定した。これもすぐに達成した。その頃、日曜版の購読料はたしか月額百五十円で、手頃な値段で共産党の新聞が買えるということで、労働者や学生の間で評判になった。

そこで、無理だとは思ったが三〇万部という目標を立てた。これもあっけなく達成してしまった。次は五〇万部を目指そう、となった。これも達成された。こうなると、『アカハタ』編集部は興奮の坩堝《るつぼ》と化した。そして、この『アカハタ』日曜版の創刊を提案した宮本顕治は、文字通り、鬼の首を取ったように有頂天になって喜び、全党員を生涯『アカハタ』拡大の無間《むげん》地獄に突き落とした。『何とかの一つ覚え』という言葉があるが、『宮本の「アカハタ」拡大』は、まさに一つ覚えであった」

1966年6月に、日曜版を60万部に増やす「日曜版拡大特別月間」が設定された。それ以降の半世紀におよぶ機関紙「拡大特別月間」に、共産党員は駆り立てられることになるのである。時の共産党員の多くは若く、活気と熱気に溢れていた。それゆえ日曜版は、急拡大したのである。

1980年に350万部を超えた共産党は、1985年、日刊紙・日曜版合わせて「400万部」の達成を目標とすると宣言。さらに「機関紙革命」という言葉まで生み出した。赤旗を通じて革命をやるというのだ。

まさに、共産党の革命の最大の武器と目された機関紙「赤旗」だったが、この400万部という目標が達成されることはなかった。機関紙４００万部の達成には、共産党の大きな悲願も託されていたようだ。

「400万読者」の幻想

同じく元共産党国会議員秘書だった篠原常一郎《じょういちろう》氏。彼の著書『日本共産党　噂の真相』（育鵬社、２０２０年）には、党本部の「50万党員、４００万の読者」への並々ならぬ期待が描写されている。

「宮本（顕治）は、地区委員会に至るまでの『職業革命家』たちに向けて、一般党員が参加しない会議などで次のような説明が行われていたことを私（註・篠原氏）はよく記憶しています。

『今後、党専従といえども、給与と待遇面は少なくとも地方公務員並みをめざさなくてはならない。そのためには一日も早く、「50万党員、４００万の（『赤旗』）読者」を実現させる必要がある。特に「４００万の読者」を実現したなら、その財政上の効果によって党専従の処遇は全国一律の統一体制に移行することができ、活動費の遅配・欠配の根絶はおろか、社会保険などの保証も心配なくなる。少なくとも、給与支給額の党内格差はなくなる…』」

篠原氏によれば、当時、各地の地区委員会所属の党専従の給与は、累積で数か月から半年分程度は遅配・欠配するという状況が圧倒的だったという。

「そもそも給与自体が恐ろしく少なく（民間の職場から専従に転職した途端、月額で半分になりました）、支給前の一週間は食事代にも困り、親しくなった党員宅や党員の多い職場の労働組合事務所を回って〝炊き出し飯〟にありつかなくてはならなかったくらいです」

だが、活力のあった共産党は、「400万読者の実現」と言う最後の峠を越えていけば、彼らにとって希望の風景が広がり、念願の生活が手に入る——。そう信じて党本部は党員に機関紙拡大を迫った。しかし、2年経ち、3年経ち、幾度も党大会を迎えても、「400万読者」は実現しなかった。それどころか毎年、つるべ落としのように部数は減少していくのであった…。

篠原氏は綴《つづ》る。

「残ったのは、地方機関や末端党支部での『赤旗』拡大へのマンネリ的な疲労感だけでした。手を替え品を替え『拡大』を呼びかけるものの、1980年代以前のような力の入れた取り組みはその後一切展開されず、現在に至っています」

一方、兵本氏は赤旗の部数減について冷静な分析をしている。

「『赤旗』が、四〇〇万という峯を越えることができなかったのは、党員が怠慢だったからでも、無能だったからでもない。社会に、それほど『赤旗』に対するニーズがないだけの話である。物には、その物に応じた社会のニーズというものがある。日本でクルマが年間一〇〇〇万台売れるわけはないように、支持率が精々三％の政党が四〇〇万という機関紙読者を獲得するわけにはいかないのである。……玄関から共産党だと言って入っていくと、『エッ』といって顔色を変える人さえいる社会で、毎日同じことが書いてあり、特別面白いわけでもない新聞を拡大するということは大変なことである。このようにして、最初は党勢拡大の牽引力であった『赤旗』拡大が、むしろ党勢拡大のブレーキとさえなってゆくのである」

多くの党員が、赤旗拡大が党勢拡大につながる、と意気揚々と機関紙拡大に飛び出した姿がなくなり、やがて機関紙拡大は、「ノルマ」として大きな重荷となっていったのである。

兵本氏は、拡大月間の情景をこう紹介している。

「例えば、市役所に勤める地方公務員や中学校の先生をしている党員がいるとしよう。朝の九時に電話をかけて、今日は何部拡大するか、目標を示せと迫る。昼休みには、午前中何部増やしたか報告しろといって『点検』される。午前中に成果が上がっていなかったら、午後は頑張れと叱咤激励される。午後三時になると、また、何部拡大したかと電話をしてくる。公務員の党員は自分が党員であることを隠してやっている。日頃は党員だということがばれはしないかとびくびくしているのに、ひんぱんに『党』から職場に電話を掛けてこられるとたまったものではない。ノイローゼになってしまう」

何としてでも目標達成を果たせ、と迫る党上層部と、「できるわけがない」と露骨に不満を表す末端の党員の間で、中間管理職にある専従メンバーが音をあげる。上に対して拡大できたと虚偽の報告をするか、一時的に自分たちの活動費から「買い取り」をするか。

兵本氏の著書には、こんな悲しいエピソードも描かれている。

「宮本議長から覚えがよくて、可愛がられていた神奈川県の女性候補は、いつも『拡大』で好成績をおさめ、全国ランキングにも登場するのが常であったが、自宅の土間に一千部の『赤旗』を抱え込んでいることが露頭して問題になったことがある」

しかし、党はこの件を「積極性の現れである」と、もみ消してしまったという。

一方、篠原氏は、機関紙拡大どころか、党費（収入の１％）の未納や機関紙を購読しないという党員が増えたことに驚いたという。

「１９９０年代後半から派遣された先で驚いたのは、日刊の『赤旗』はおろか、一般向けの啓蒙宣伝紙として位置づけられている週刊の『赤旗』日曜版も読んでいない党員が地方ではけっこう多かったことです。

この背景には、党員の高齢化がいっそう進んできたことと、不景気や地方の過疎化による生活環境の悪化があるようです。

私もオルグとして地方に派遣されたとき、党費を納めない党員の訪問と共に、『未購読党員』というジャンルに分類した『赤旗』を読んでいない党員のところを訪ねて、購読を呼びかける活動をさせられたことがあります。

でも、『赤旗』をとっていない党員は、『もうアルバイト仕事もできず、わずかな年金だけで暮らすようになって、月々数百円をどうひねりだすかという状況なんです。「赤旗」にまでお金がまわらない』『もう高齢で、新聞活字なんか読むことができない』などと、こちらとしてはどうにもならない理由を述べて弁明される方がほとんどでした。こんな理由を言われたら、二の句がつげません。『そうですか。では、できるだけで協力してくださいね』と言って、辞去するしかありませんでした」

「FACTA ONLINE」2023年7月号に、「財政困窮の日本共産党／しんぶん赤旗『発行の危機』」と題する記事が掲載されたが、「さらにはこんな哀しい逸話もある」と、次のような話を披露している。

「数十軒の読者を抱えていた高齢者の党員が亡くなり、配達先にあいさつに行ったところ、実は誰も購読していなかった。亡くなった党員が機関紙代を全て立て替えていた」（地方議員）

こうした問題を党本部に直訴しても「一切対応してもらえなかった」という。

さて、党員さえ読んでいない機関紙を、シンパの人たちに頼むのは、なかなか力が入らない。せいぜい頼めるのが、「ギリドク」すなわち「義理の読者」だ。これは、近所づきあいがある、共産党の人にお世話になった、仕事上の取引があるなどの、義理に絡めて購読を頼むケースを指す。しかし、こういう浅いお付き合いであれば、せいぜい頼めて1か月から3か月。ところが、こうした短期読者こそ配達員泣かせなのである。配達の開始前に届け先の住所の確認、配達開始日や、配達終了日などを忘れてならない。

万が一、短期読者に遅配・欠配をしてしまえば、その日のうちになるべく早くカバーしなければならない。一般の日刊紙の販売店は、そのようなトラブルに店長などが対応できるような態勢が敷かれている。ところが、ボランティアの学生や一般企業に勤務する党員が配達を担当している共産党の場合、一般紙の販売店ほどの万全なバックアップ体制はもちろんない。

新聞の配達・集金業務というのは、手間がかかる割には、収入がそれほど多くない。赤旗の配達員は実質、ボランティア活動のため、十分なケア体制がないこと。さらに、集金の合理化ができないことが大きな負担となっている。

一般紙の場合は、集金の手間を省くため、銀行口座の代金引き落としを勧める。ところが、赤旗の場合、なるべく読者宅を訪問し、集金業務を行う。

なぜか。そこで読者と交流し、党のイベントに参加してもらう。また選挙が近ければ、党の候補者に投票を依頼することなどが願われているからだ。

実は、党の財政の柱と言われている赤旗だが、日刊紙はすでに赤字となっている。ならば、日刊紙を休刊すれば、赤字は減ることになるが、そう簡単にはできない。「国民と党をつなぐ絆」としての使命があるからだが、ここに、共産党のジレンマがある。

そのような中、2011年7月に共産党は、同年9月からの日刊紙「赤旗」の500円値上げを決定した。

その頃の様子を、産経新聞政治部『日本共産党研究　絶対に誤りを認めない政党』（産経新聞出版、2016年）は次のように伝えている。

「当時、購読部数約24万部の赤旗日刊紙の赤字が毎月約2億円にのぼっていたため、購読料を月2900円から500円アップの3400円に値上げし、部数を2万部増の26万部にする目標を掲げていた（14年4月の消費税率8％への引き上げに伴い、現在の購読料は3497円）。それが増えるどころか、『23万部割れ』で党指導部が赤旗値上げを打ち出したのは電撃的だった。3中総では『日刊紙が大きな経営的困難を抱え、発行を続けることが危うくなっている』と公表し、志位が『危機打開のため500円値上げという措置に理解と協力を』と訴えた。

……党指導部は『500円値上げした上で2万部増やせば採算がとれ、安定ラインに乗る』として、12年7月の党創立90周年に向け、党内に『拡張』の大号令をかけたが、党員の間に衝撃が走らないわけがなかった。

『もうダメだ。これで20万部を割ることになるな』『無理に2部取ってもらっていたところが1部に減るぞ』『集金する者の身になってみろ！』『こんなご時世だからこそ、もう少し耐えてほしかった』」

共産党広報部によると、値上げが公表された7月は日刊紙が850部増えた。広報部は「党員の勧誘ではなく、若い人を中心に直接購読を申し込んでくる人が多いのが顕著な傾向だ」と自慢したが、産経新聞政治部記者は、「数字のトリック」を知る同党関係者の次のようなコメントを紹介している。

「実は7月に850部増えたと言っても、値上げ対象外の赤旗日曜版（月間購読料800円＝当時）が6月に約5千部減、7月にも1300部近く減っている。実態は日刊紙の数字を上げるために日曜版を切り替えさせただけで、財政的にはプラスになっていない」

その品物が持つ商品力と、販売する営業担当などの総合的な力で、売り上げは確定する。

だが、そこを全く無視して、数値目標が達成したと宣伝する共産党広報部。

共産党の政治活動をけん引し、財政の柱となり、希望の星とも言えた赤旗拡大。だが、成し得ない拡大部数に向けて党本部は号令をかけて、現場はいつまでも休むことができなければ、目標を達成することもできない――兵本氏は、このような赤旗拡大を、「無間地獄」と表現した。無間地獄とは、仏教用語で「大罪（五逆罪）を犯した者が絶え間ない苦しみを受ける地獄」を意味する。共産党員は何も、仏教でいうところの大罪を犯したわけでもないだろうに…。

疲弊して、ノイローゼになる党専従

毎日、日刊紙「赤旗」の配達・集金をしながら、新聞拡大のためにあの手この手を駆使し、手立てを探る日々。お金を借りてまで、「部数が増えた」と虚偽の報告をし、赤旗を買い取る地区委員会もあるという。篠原氏が、関係者から聞いて驚いたのは、たかだか数人の専従者しかいない、ある地区委員会で、借金を1億円も抱えているところがあったという。やがてそのことのゆえに、疲弊し、精神を病む党専従が出てきたというのである。

「これは私の同僚でも枚挙にいとまがありません。比較的多かったのが自律神経失調症で、10名程度、失踪が３名（うち1名はホームレスになっているところを私に発見され、アルバイトを斡旋して生活立て直しを図りましたが、その後にまた失踪しました）。自殺者３名（投身自殺1名、焼身2名）…。そのほか、がんなどの重病にかかる者もたくさんいます。

これらはあくまで私が直接知っている範囲に限ってのものなので、もちろん実際はもっと凄まじい数字となるでしょう。（中略）

おとなしくまじめな性格の専従は自らの心身を病みますが、そうでない者では軽犯罪に走るケースがかなり見られます。

党本部職員には痴漢が原因で退職する例の多いことを指摘しましたが、同様の性犯罪で地方党機関のメンバーが検挙されることも少なくありません」

具体的には、幼児へのわいせつ行為、女性のスカートの中の盗撮、ストーカー行為から、万引きや窃盗など、「あまりに頻度が高く、内容も情けないものばかり」と篠原氏は嘆く。

同じく兵本氏も、ノイローゼになる中間幹部の続出について言及している。

「宮地（日本共産党愛知県名古屋市中北地区常任委員・県選対部員だった宮地健一氏）

のＨＰに具体例が載っているので紹介しておこう。

愛知県委員会の約半分のスタッフを抱える名古屋中北地区委員会には、専従の党員が五十三名いた。そのうち、二十二名が病気になり、さらにそのうちの十二名がノイローゼになったという。五人に一人が神経をやられたというわけである。

これを裏付ける話を、党中央委員会の付属病院とも言うべき代々木病院の精神科の医者から筆者は直接聞いた。『代々木病院の精神科というのは、共産党活動の吹き溜まりですよ。ここにいると党活動の欠陥が目に見えてきます』『名古屋の県委員が「赤旗」拡大でノイローゼになり、「こんな方針は間違っている」と大声で叫んだ。すると愛知の県委員会は、この県委員は頭が狂ったと言って代々木病院へ送り込んできましたと言う』」

インターネットで検索すると、２０２３年初め、共産党千葉県委員会書記長が、建造物侵入と千葉県迷惑防止条例違反（盗撮）の疑いで逮捕されたというニュースや、２０１８年には当時の共産党の長野市議が、自転車のサドルに体液をかけて逮捕されたというおぞましい記事もすぐに出てくる。

一方で、２０２２年7月4日付「赤旗」は、「主張」欄で次のような記事を掲載している。

「日本共産党は昨年の東京都議選と総選挙で『痴漢ゼロ』の政策を掲げ、国会や地方議会での論戦、行政機関への対策申し入れなどに力を入れています。この取り組みは、若い世代を中心にした世論と運動とも結んで、政治を動かしています。参院選は、その流れを促進させる重要な機会です」

共産党は、外に向かって「痴漢ゼロ」を叫ぶ前に、党職員や専従者から、逮捕者が出ないように、指導するのが先ではないのか。

議会活動に歪みもたらす議員の営利活動
松崎いたる・日本共産党元板橋区議に「赤旗拡張」の内幕を聞く

松崎いたる氏は、大学生時代に民青に入り、やがて日本共産党に入党。2003年4月に初当選を果たし、板橋区議を4期務めた。都内の機関紙拡大の責任者も担当した松崎氏に、赤旗拡大の内情を聞いた。

まつざき　いたる　1985年、東京学芸大学入学と同時に民青に入る。まもなく日本共産党に入党。2003年4月、板橋区議に初当選し、4期連続当選を果たす。元日本共産党板橋区議団幹事長。2022年7月、『日本共産党　暗黒の百年史』を飛鳥新書から刊行。

——共産党入党のきっかけは何でしたか。

松崎いたる氏（以下、松崎氏）　1985年、大学入学と同時に民青に加盟。続いて共産党に入党しました。当時は「戦争をなくしたい」「核兵器を廃絶したい」という素朴な思いがあり、民青の反核運動に共鳴しました。

——松崎さんは、東京都内での「しんぶん赤旗」の拡大の責任を持たれたとお聞きしました。いつ頃ですか。

松崎氏　2000年頃、共産党東京都議団の事務局員だった時に1年ほど、「機関紙担当」の仕事をしていました。

——その時、どのような作戦でもって機関紙の拡大をしましたか。

松崎氏　機関紙担当は、週1回の都議団会議で、各都議にその週の党勢拡大目標と前週の拡大成果の報告記入用紙を配布し、各都議の報告を集計し、進捗を管理していました。

拡大成果が少ない都議を明確化することで、「やる気」を促すのが目的です。
報告項目は「1．党員拡大数、2．赤旗日刊紙読者拡大数、3．赤旗日曜版読者拡大数、4．その他の機関紙誌の拡大数」です。各都議は日常的には自分の地元選挙区で拡大活動をしますが、3月4月の異動時期には都庁内での幹部職員への拡大工作がメインになります。

――それは、すでに確立したものですか。新しく開拓されたものでしたか。

松崎氏　以前からシステム化していました。

――新聞の拡大においては、共産党議員が担当する機関紙拡大が、都内全体の拡大の何割を占めていたでしょうか。

松崎氏　詳しい数字はわかりません。都庁の職員が購読している赤旗読者だけで都内の1割近くはあるのではないかと思います。ただ、それらすべてに議員が直接関わっているわけではありません。都庁職の党支部が拡大したものです。都議が関わるのは、課長級以上の幹部職員だけです。

――鎌倉市で赤旗が500部購読されていた時期がありました。共産党議員が5人いたので、過去の先輩による既存の購読者、新規の購読者を含めれば平均的に1人が100部拡大し

ている計算になるのではないか、と見ていますが、どうでしょうか。

松崎氏　鎌倉の実情は知りません。しかし、上記と同様で、多くは市役所内の党支部によるものだと思います。

――全国で2千数百人の共産党地方議員の力で、全国の庁舎内で15万から20万部の赤旗が購読されているのではないか、と推測していますがどうでしょうか。

松崎氏　わかりません。

――都庁では、どれぐらいの有料購読者がいますか。日曜版と日刊紙の割合はどうでしょうか。

松崎氏　わかりません。しかし、価格の安い日曜版のほうが、圧倒的に部数が多いのは確かです。

――役所での勧誘は議員が担当し、配達・集金は専従の共産党員の方がしているのですか。

松崎氏　小さな市町村役場では、議員がすべて担うところが多いでしょう。東京都内の区役所や都道府県庁の場合は、配達・集金は庁内の党支部が行っています。議員が集金するのは、幹部職員との情報交換の目的があるからです。幹部職員の側も議員に集金に来てもらうことで、議員との特別な関係ができ、議会対応がスムーズになるという利点があります。集金が議員から支部の党員に交代したことで購読をやめてしまう幹部職員も少なくありませんでした。集金配達を政務活動費で雇用している議員団事務員に担当させているところも多いと思います。その場合、政務活動費は按分となり減額されます。しかし、議会活動と機関紙活動を同一人物に担わせた場合、正確に按分することは不可能で、一部を税金で赤旗を支えていることになります。

——『日本の赤い霧　極左労働組合の日本破壊工作』（福田博幸、清談社Publico、2023年）に、美濃部都政時代の赤旗購読の実態が掲載されています。

「美濃部都政時代には、都庁および23区の管理職のじつに9割以上と、一般職員の約2割が『赤旗』を購読するという、きわめて異常な事態になっていたのです。具体的な数字で示すと、東京都庁関係者だけで、日刊紙『赤旗』は8千部、日曜版『赤旗』は2万2千部の購読数でした」

これは事実でしょうか。

松崎氏　わかりません。しかし異常なこととは思いません。共産党が与党の自治体であれば、職員の側も与党の考えや行動を早く知りたいはずですから、赤旗を読みたいのだと思います。よく、「議員が圧力をかけて職員に赤旗を無理やり購読させている」という意見を目にしますが、共産党議員にはそんな力はありません。党側と職員側の思惑が一致したところで購読者が増えます。

――自治労の中の共産党系「自治労連」の組合員数は現在、何名ぐらいいますか。皆、党員ですか。この職員の人たちも、勤務先である役所で「赤旗」の勧誘をしていますか。

松崎氏　わかりません。

――ここ数年の間に、庁舎内での機関紙の勧誘・配達・集金を自粛するように求める陳情が相次いで提出され、採択した自治体も徐々に増えています。今後、庁舎内での「赤旗」は存続できるでしょうか。

松崎氏　これからも庁内での赤旗活動が続くかどうかは、住民の世論によると思います。職員にも思想信条の自由、政党支持の自由は保障されていますから、「共産党の機関紙だからダメ」という、特定政党の活動を制限させるような主張では、反対意見も多くなるでしょうし、憲法上の問題にもなりかねません。

私が問題にしているのは、庁舎内で議員が営利活動をしている点です。職員が議員の「お客様」になってしまう関係では、議会活動の歪みを招くと思います。庁舎内の営利活動は、ヤクルト販売や弁当の販売などがありますが、いずれも庁舎管理者の許可を受けて行っているものです。議員による赤旗販売は許可を得ていません。これが問題点だと思います。

――赤旗の小木曽編集局長は2018年、「THE PAGE」の取材を受けて、「この活動は紙でないと成り立たず、宅配の必要のない電子版が取って代わることはできない」と話しています。しかし、機関紙の配達体制も楽ではないはずです。松崎さんのご存知の範囲でどんな状況と見ていますか。

松崎氏 共産党は赤旗の配達・集金を通じて、読者と対話し、つながりを強め、選挙での固い支持者にしています。電子版ではこうした対話活動はできません。配達がないほうが楽ですが、失うものが大きいのです。

――赤旗の部数は、1980年350万部、1997年に約230万部、2017年には約113万部、現在は85万部と言われています。新聞減少の背景をどう分析しますか。

松崎氏 赤旗に限らず、どの新聞も減らしており、紙離れが進んでいます。赤旗の場合は加えて、党員、読者の高齢化、死亡による減少が一番の原因です。

――共産党は党員と機関紙の「130％」拡大を必達目標に掲げていますが、現場の士気は高いのでしょうか。

松崎氏　「士気が高い」ように見せているのは地区委員会以上の上級機関だけでしょう。末端の支部や党員は、上が言っているから仕方なくやっているだけです。

「赤旗」配達のバイクが盗難されても保証なし

日本共産党は、2023年になって相次いだ党員除名問題が、統一地方選に影響を及ぼしたとの指摘に対して「そうは思わない」と正当性を主張。強面《こわもて》の姿勢を崩さなかった。

ところが、日本共産党中央委員会出版局発行の「Q＆A　支部の機関紙活動の手引き　改訂版（2010年）」を紐解くと、随分と率直に機関紙配達の現状課題を吐露しているのである。

例えば、「第Ⅱ部　こうしてすすめる――『支部が主役』の配達・集金体制の確立」というコーナーには、次のような記述がある。

「……全党的な努力で配達・集金を支部で責任を持つ体制確立への改善はすすみつつありますが、しかしなお、それは途上にあります。
配達・集金者が地区委員会・出張所と、直接、個々に結びついていて、支部とのかかわりなく配達・集金しているとか、地区委員会・出張所や地方議員にかなりの配達・集金がまかされている地域もまだ少なくありません。これでは、支部が地域に責任を持つことも、読者との心の通った結びつきをつくる努力もできません。毎月その地域の読者が増えているのか減っているのかもつかめませんし、配達や集金が乱れていても、読者の生活に大きな変化が起こっていても、支部にはわからないということになります」

電子新聞に頼らず、紙媒体の新聞を配達していく以上、配達体制を支えていくうえで、配達人員の確保は必須条件だ。読売新聞７００万部の配達を支えているのは、７万人に及ぶ配達員である。10年以上のベテランになったとしても、著しく配達時間を省力化することはできないし、雨や雪で新聞が濡れてしまえば、苦情は避けられない。

前述の手引きでは、「日刊紙は、どんなに遅くとも午前7時までに配達します」とあるが、一般紙の場合は遅くとも午前6時が目安だ。「午前7時までに配達」と書かなければならないのは、一般紙の配達のように仕事として機関紙配達をしていないからだ。

赤旗の配達は、地域に応じて、専任配達（1人で週のうちの5日または6日間を配達）と、集団配達（何人かが毎日交代で配達）のいずれかの体制で取り組んでいる。

事実上、ボランティア活動としての機関紙配達でありながら、党本部は「党と国民との結びつきを広げる最良の媒体」と、機関紙を重く位置付けている。購読者との交流を大事にして、党を支え、選挙になれば、投票だけでなく、選挙活動に参加もしてもらう、そのような期待もあるのだ。

その期待の強さと、配達員をボランティアのように軽く扱うことのギャップ――これが、赤旗配達員の悲劇と言えよう。長年、赤旗の勧誘・配達・集金を手がけてきた元共産党議員に聞いた。

「拡大、配達、集金をしているので『新聞屋さん』と呼ばれていたな。鍵をかけたバイクが配達中に3度も盗まれましたが、共産党地区委員会からは何の援助もない。自腹で配達用バイクを買いましたね」

埼玉県八潮市の豊田吉雄《よしお》氏は、八潮市議会議員を9期務めたが、そのうち8期を共産党市議として活動してきた。２０１３年、引き継ぎをしていた後任の共産党候補と軋轢《あつれき》が生じて、無所属で立候補して当選。共産党からは除籍処分となった。72歳までの実に四十数年間、地元で赤旗配達をしてきた。一番多い時で、日曜版３００部を毎週金曜日の朝３時過ぎから6時半頃までかけて配達したという。

「八潮市議時代は、約５００人の職員がいる同役所で、一番『赤旗』が多かった時は職員が個人で約１６０人購入していましたね。これを他の議員と手分けして職員が来る前の7時半から8時まで配りました。通行証？　ないない、顔パスですよ」

「係長、課長、部長職などのポストに就くと前任者が取ってくれていたこともあって、お付き合いで取ってくれました。日曜版は現在、ひと月８２３円（２０１８年取材当時）ですが、前はもっと安かったので、読まなくても取ってくれましたね。共産党上層部から拡大のノルマが来て、これまで地域と職場などで３００部ほど拡大したな。でも、ご褒美はなかったよ」

配達だけでなく集金・勧誘も行った。日曜版の配達・集金で、一部もらう手間賃を聞いて驚いた。わずか30円だという。

「日刊は党員が曜日ごとに手分けして配達していますが、配る人がいなくて大変です。だって、若い党員が増えていない。私の周りでも30代の党員はゼロ。40代の党員はいても活動しない。50代の人の名前も聞かないな。全国で30万人の党員がいると公表していますが、あれは名前だけの人も含めてですよ。これ以上、人数を減らすことができないからね」

かつて共産党ナンバー4だった筆坂秀世《ふでさかひでよ》氏の著書『悩める日本共産党員のための人生相談』（新潮社、2008年）には、「『赤旗』配達員の平均年齢は、もしかすると今や七〇歳前後になっているのではないでしょうか」という質問が出るほど、若い共産党員はなかなか増えず、押し寄せる高齢化は深刻だ。

筆坂氏のこの著書が発行されたのは2008年、今から16年も前になる。共産党員の平均年齢が上がり、同じく赤旗配達員の平均年齢もそれだけ上がったということだ。ゆえに、遅配・欠配は後を絶たない。新たな読者を獲得しても配達する党員からは歓声ではなく、悲鳴が上がる有様。そのような窮状の中、共産党にとって役所はまさに「黄金地帯」である。配達・集金が極めて効率的にできる。さらに、議員の立場を利用しての勧誘で、これまた実に容易に赤旗拡大ができるからだ。

ちなみに共産党の地方議員の数は２０２３年４月30日現在、２３８３人（内訳は県議１１５人、政令指定都市議員１１１人、区議１０５人、市議１３８１人、町村議６７１人）。彼らは日夜、血眼になって赤旗の拡大をしている。前述の豊田氏のように３００部拡大とまではいかずとも、上からの強い要請を受けて、地方議員は１人で１００部は拡大するだろう。このように地方議員が拡大に努力すれば、全国の庁舎で20万部以上となる。２０００年の時点で、共産党の地方議員の数は４４６２議席もあった。大量の赤旗読者が役所にいたことは想像に難くない。

杉田水脈議員が証言する、監視と無言の購読強制

日本共産党が地方議員を活用して、「赤旗」拡大の基盤を築いていった地方自治体の庁舎は、赤旗拡大の別天地、まさに金城湯池《きんじょうとうち》である。

それにしてもなぜこれほどまでに大量の赤旗が役所に浸透しているのか。

その驚くべきからくりを、見事に分析したのが衆議院議員、杉田水脈《みお》氏である。彼女は著書『なぜ私は左翼と戦うのか』（青林堂、２０１７年）で、兵庫県西宮市の職員当時、

赤旗購読を義務付けられた体験を赤裸々に吐露している。私は、職員の自宅より役所に配布する方が合理的なので役所が狙われていると思っていたが、さらに共産党のしたたかな企みがあることを杉田氏は指摘している。

「毎週、各自の机の人の上に『しんぶん赤旗日曜版』が置かれることになりますので、その人の机の上に赤旗がないのなら、その人が購読していないということがひとめでわかります。周囲からすれば、『私はいやいやながらも赤旗を購読しているのに、あの人はうまく逃げてとっていない。ずるい』ということになるわけです。これが相互監視の機能も果たし、無言の購読強制に繋がっていくのです。こういう仕組みを共産党は、本当によく考え出しますよね」

杉田氏も係長昇進時に、共産党市議から「とりなさい」という威圧的な言葉に押されて購読したという。そうした中、彼女の上司が勇気をもって「とらない」と宣言。ところが、その後「とんでもない『報復』を受けることになった」のである。

「購読を断ったその瞬間から、その係長を含むその部署の職員全員に、共産党の市議による執拗な嫌がらせが始まったのです」

例えば、凄く難しい資料を出せ、という要求が来る。苦労してようやく提出するとすぐに「別の資料をよこせ」と違う注文が入る。これまた、大変難しいものだったりする。こうして職員をヘトヘトにさせるのが、共産党の手口だと杉田氏は指摘し、こう続ける。

「その激務の原因は、しんぶん赤旗をとらない係長の存在であると、周りに自覚させるのです。批判を共産党ではなく、しんぶん赤旗をとらない係長に向けさせる。ずいぶんと巧妙なやり口だと思ったものです。

この時、別の上司がこう言いました。

『杉田さん、これが共産党の嫌がらせやで。係長になったら、しんぶん赤旗をとらなければあかんのや』

その口ぶりは、まるで逃れられない宿命であると断言しているようでした。あの絶望感に満ちた言葉は生涯忘れられませんね」

杉田氏は、購読を始めて約2年経った頃、勤務時間中に集金に来た自治労連幹部に「購読をやめたい」と伝えた。

「どうして?」

「紙のムダだから」

「そこまで言わなくていいでしょ！」

購読をやめた杉田氏に、しばらくして再び共産党市議から「赤旗を購読してください」との電話がかかってきた。杉田氏は「紙のムダなのでやめた」と丁寧に説明したが、売り言葉に買い言葉で「それでも購読しろというなら購読します」と応じると、「それでもいいから購読してください」と言ってきたという。

共産党は、「政党交付金は国民が納めた税金を支持していない政党に回される憲法違反の強制献金制度だ」（宮本顕治・元名誉議長）として、政党交付金の受け取りを拒否している。一方で、全国の多数の公務員に対して「支持していない政党機関紙の購読を通じての強制献金制度」を強いているわけだ。「人権を守れ！」と叫ぶ政党が、多くの公務員の人権を踏みにじっている。赤旗の大量読者には、こうした怨嗟の声をつぶやく多数の読者（しかも、読まない読者）が存在するのである。

「昇進おめでとう！」組織的に執拗な勧誘

「産経新聞」２０１７年12月5日付は、加古川市役所で元職を含む複数の共産党市議が少なくとも20年以上前から、主に係長級以上の職員の執務室を訪問などとして赤旗の購読を勧誘し、係長級以上の職員約７５０人のうち、約１００人が私費で購読していると報じた。

「ある幹部職員の男性は『10年ほど前に係長から副課長に昇格した際、共産市議から「昇格おめでとうございます。新聞いかがですか」と電話がかかってきた。議員と良好な関係を維持したいという思いで断ることができず、購読を続けている』と明かした」

この報道に驚いた岡田康裕・加古川市長は同年12月26日付で、共産党の岸本建樹市議（当時）と高木英里市議（当時）に対して、赤旗の配布・集金・勧誘に当たり執務室への入室を禁じて、購読の勧誘も勤務時間外に行う、と記した文書を通知。職員に対しても「自立ある判断を願う」と伝えた。

だが、岸本市議は全く態度を改めることはなかったという。

その後、加古川市民からは「庁舎内における職員への政党機関紙の勧誘・配達・集金を禁止するよう求める陳情」が提出された。文面は次の通り。

①市民の大切な情報を預かる庁舎内に許可なく立ち入り、政党機関紙の勧誘・配達・集金

が行われることがないようにして頂きたい
②市職員の皆様が政党機関紙の購読を強制（心理的強制を含む）されることのないようにして頂きたい
③機関紙購読を拒否した場合でも嫌がらせなどを受けないことを担保するため、問題が生じた際の職員の相談窓口を明確に定めて頂きたい
といった内容だ。

この陳情は2018年3月1日の加古川市議会で審議された。だが、岸本市議は「強制勧誘はあり得ない。嫌がらせもない。紳士的にやっている」と自身を正当化する発言を繰り返すばかり。

共産党に所属し、その後、無所属の山本悟市議（仮名、現在は引退）は、審議の中で次のように発言した。

「3月の定例職員異動リストを見て、市会議員3人で昇進した職員の所へ赤旗の勧誘に行けば、断りにくいのでということで岸本建樹議員から誘われて行ったことがある。が、あまりしたくはなかった。それを、岸本議員が共産党地区委員会に赤旗拡大に消極的な議

員として（自分のことが）報告され、党から議員団の結束を乱している、として除籍処分の理由とされた」

山本市議は2010年6月に共産党から出馬して当選。同じ党内に岸本建樹氏、高木英里氏がいた。そして、職員の昇進が発表される3月下旬から4月初めの間に、集中的に機関紙拡大を行ってきたという。

「職員の昇進が発表されて、次の新しいポストの席に移動する間が勝負でした。この時期が1年のうちでもっとも『赤旗』拡大に力が入る時です。私と岸本氏、高木さんの3人が揃って昇進が決まった職員さんの席を訪ねて、『昇進おめでとうございます！』とお祝いの言葉を述べます。議員3人から祝福されたら、たとえ相手が共産党であろうと悪い気はしない。『俺も、議員から祝福されるような立場にようやくなったのか』と嬉しい気分でいる。その瞬間を逃さず、『幹部になられるのですから、職務上「赤旗」も読んでください』と畳み掛ける。最初は『赤旗』日曜版。また部長昇進の際は『赤旗』日刊紙に切り替えてくれるよう頼みます。一度、購読してくれた職員さんはよほどのことがない限り、退職されるまで読者でいてくれます」

加古川市役所における「昇進おめでとう！」赤旗拡大作戦を裏付ける「内部資料」がある。松崎いたる元板橋区議がかつて作成した、都庁内での異動時期（3月末）に党が幹部職員に赤旗購読を勧誘する際の手引き書だ。

「都庁での手引書は古い資料ですが、いまも同様のことを全国各地の役所でやっていると思います」と松崎氏。氏は、「赤旗を勧誘していた当事者の経験でいうと、強制やパワハラというより、職員の側が共産党からの情報を入手するために、進んで購読する事例も多々ありました」と指摘。「しかし、これも議員と職員の緊張関係に歪みをもたらし、馴れ合いになるので好ましいことではありません」と語った。

このペーパーに、「27日」という日付に、マークがつけられている。その理由を説明したい。人事異動は3月末に発表され、4月の新年度開始と同時に新しい部署での業務となる。しかし、3月末の新聞発表の辞令を見てから当人を探して「赤旗」勧誘を頼むのでは全く間に合わない。それゆえ、3月27日までには人事関係者に接触して、新たな人事異動名簿を入手せよ、というのがこの「27日」の目印なのだ。3月下旬から4月初めの人事異動の時

4月異動の対策と実務処理について（案）

2002・3・19
都庁委員会機関紙部

1、4月幹部異動規模と特徴

2、管理職異動工作について

1 退職及び本庁舎から出先転出読者　継続工作（自宅、職場）
2 出先職場から本庁舎転入者　拡大工作
3 本庁舎内未読者　拡大工作
4 本庁舎内異動（ポスト異動）　ポスト自動切替（機関紙部、出張所で処理）

上記内容で工作する。

3、管理職の定期異動に伴う読者の実務処理

1 読者の実務処理は、“カード”によらず“異動名簿（都当局作成－別紙処理表参照）”をもとにコンピューター処理をおこなう。

① 事務局では、異動名簿をできるだけ早く入手できるよう要請する。
（27日）

② 党委員会は、この名簿に以下のチェックと記入をおこなう。

チェック	H・N・議会と自治体の読者	（H）（N）（ギ）
	新宿庁舎より外部へ異動する読者	（△）
	新宿庁舎内部で他局に異動する読者	（○）
	事務所から新宿庁舎内に異動する者	（□）
	局内で移動する読者	（局）
	新宿庁舎内の非読者	（非）
記入	（△）（□）（非）については、現職場の電話番号を記入（党委員会）	

③ 党委員会は、②の記入をした名簿（別紙参照）を、すみやかに事務局に届ける。

④ この名簿にもとづき、（△）（□）（非）について議員に購読または継続の工作をしてもらう。

⑤ 工作の結果、読者または継続読者となった者については、事務局で、名簿にH.N等の記入をする。事務所または自宅での購読者となった者については、さらにカード化する。
　なお、名簿上では、庁舎内での職場が不明確な場合（例えば、福利厚生事業団や総務局ＯＡ指導担当など）は、職場個所を名簿に記入し、事業所の所在が不明確な場合（例えば、公園協会、生涯学習文化財団等）は、具体的な職場をカードに記入する。

⑥ ⑤の名簿を速やかに委員会に手渡してもらう。ただし、工作が数日にわたり、何回かに分けて手渡してもらう場合には、既手渡し済の読者を消去してもらうか何らかの印をつけてもらう。

2 他の地区で読者となる者（新宿庁舎で読者であった者が事業所に異動しまたは退職して自宅等で、ひきつづき購読する場合、および事業所または自宅で新たに購読することになった者）については、従前どおり「増」カードを作成する。この読者については、FAXで該当地区に送信し、後ほど定期便で送る。

4、その他

期こそ、共産党が赤旗拡大の絶好のチャンスとして、虎視眈々と〝獲物〟を狙っている時期と見て間違いないのだ。

このように、3月末から4月初めは、共産党議員にとって、1年のうちでもっとも「赤旗」拡大がやりやすい期間であり、見逃してはならない「ゴールデンタイム」と言える。ところが、どうだろう。

「FACTA ONLINE」2023年7月号に掲載の「財政困窮の日本共産党／しんぶん赤旗『発行の危機』」には、赤旗の日刊紙・日曜版が合わせて3月は約1万部減、4月は約3万部減、5月は約1万部減という悲惨なデータが紹介されているではないか。この数字こそ、日本共産党に突き付けられている偽らざる現実である。

さて、加古川市役所での「昇進おめでとう」作戦の対象は、係長級、副課長級、部長級などで毎年約100人。このうち半数近くはすでに購読者。だから、残りの約50人に対して、3人で3日間かけてアプローチしたという。そして30人以上が購読を了承してくれたというから上々だろう。山本市議は最初の2年間、岸本市議に負けない実績を上げたが、強引な拡大のやり方に気分が乗らず、3年目は1日だけ行動し、4年目には1日も参加しなかったという。

山本氏はいつしか、共産党の矛盾や疑問が次第に膨らんできたようだ。さらに、高木市議は赤旗集金でもトラブルを引き起こしていたという。山本氏がこんなエピソードを私に語った。

「岸本氏と私は毎月25日から翌月5日までの間に集金が終わるよう専念していました。ところが、高木さんだけは、3か月分の集金、日曜版にいたっては半年分ほどの集金を溜めてしまい、しばしば読者の職員さんから『私の課全体ですけど、3か月も集金に来ませんよ』と苦情がきました。

またある時、高木さんが日刊紙の購読者である部長にアポなしで行って1万円を超える集金を迫り、部長が『今、手元にありません。できれば毎月、集金に来てくれませんか』と話したら、『じゃあ、いいです』と、プイと出て行ってしまったのです。その後の部長会で、『あの高木市議の態度はなんや。自分で購読を頼んでおいて！』と問題になり、12人の日刊紙読者の部長のうち、11人が止めてしまったのです」

山本氏はその後、党市議団のアンケートに覚えのない署名・捺印が勝手になされたことに憤慨して離党。一方の共産党は山本氏を除籍処分にしたのだ。

「共産党を辞めた私のところに、『赤旗の日曜版やめていいですか？』と数人の職員さんから相談があったので、『やめて構いませんよ』と言いました。その人たちが各課に戻って『やめてもいいらしいよ』と言ったのでしょうね。その後の2年半で『赤旗』部数が半減しています」

ここで、もう1人の元共産党議員を紹介したい。

「加古川市役所で100人の購読とは、ずいぶんと廃れたものですね。多い時で300部はあったと思います」

加古川市の隣町、稲美《いなみ》町の木村圭二町議は2023年秋の選挙で10期目の当選を果たした。5期まで共産党から出馬し、その後、党を除名となってからは無所属で活動している。

兵庫県稲美町でも、元職を含む共産町議が少なくとも約30年前から、町役場執務室にいる幹部職員らに赤旗購読を勧誘してきた。「産経新聞」2017年12月19日付は、町長ら特別職を除く課長級以上の幹部職員29人のうち、約8割にあたる23人が私費で購読していると報じている。

30年前は、ずいぶんと荒っぽい機関紙拡大をしていたようだ。

「共産党の加古川市会議員が稲美町に乗り込んで来て、その当時の町長が革新系でしたので、町長室に陣取り、その場で私が課長、部長に電話をして町長室に来てもらいます。職員が入って来ると、共産党市議が『おい新聞、頼むぞ』。それで一気に増えましたね。その時、全員とったと思いますね。いったん購読を止めた人も自分だけとっていないことに気が引けたのか、『また取ります』と申し出があったりしました」

稲美町でも産経新聞の報道の後、加古川市が出した通知文書と同趣旨の文書を職員に出した。しかし、木村氏は２０１７年12月定例議会等で「現状は庁舎内でカウンター越しに『赤旗』を配達し、購読者が不在の時はカウンター近くの職員が購読者の机上に配達している。共産党の政治活動を職員が担わされているのはおかしい。配達の補助は止めさせるべきだ」と指摘し、町当局に改善を強く求めた。

その木村氏の口から、「ギリドク」という言葉が飛び出した。どうやら、赤旗を読まないのに義理で購読する読者のことを共産党内ではこう呼ぶというのだ。

「共産党員さえ読まない新聞を、『増やせ』と中央委員会が号令をかけても無理でしょう。今や共産党が頼るのは『ギリドク』公務員の皆さんです。公務員のギリドク読者が『赤旗』読者の10％から15％はいると思います」

それでも、加古川市役所や稲美町役場から「通知文書」が出されたことで、赤旗の部数減は加速するだろうと2人は予測する。

東京都中野区でも庁内での赤旗配布の現状を危惧した区や自民党関係者で協議が行われた。２０１４年3月24日には経営室長名で、職場における政党機関紙の購読を自粛することとした、という内容の通知文書が出された。その後、一部の職員は自宅で購読していると思われるものの、庁舎内では全く配達されないようになったという。

神奈川県藤沢市でも２０１８年2月中旬に、市民の大切な情報を預かる執務室内に許可なく立ち入り、政党機関紙の勧誘・配達・集金が行われないようにしてもらいたい、などの陳情が提出された。この審査の中で、公明党市議は「市職員管理職の約7、8割が『赤旗』を購読している」と聞き取り調査の結果を購読しているようだ。ある部署では7人中7人が購読している」と聞き取り調査の結果を報告。「購読者の多くが『昇進おめでとうございます。ついては、赤旗購読いかがですか』と共産党市議に勧誘されて断り切れなかった、と話している」と述べて、議員の立場を利用したパワハラの疑いがあると指摘した。

共産党市議はこれに対して「おっしゃるように断りづらいから、みたいなのは良くないので、節度をもった形で勧誘などは行われていると思いますけれども、そうでなかったらいけないないなと思います」と苦しい弁明に追われたのである（「世界日報」２０１８年2月28日付ＷＥＢ版）。

審査の結果、藤沢市議会は多数決でこれを了承。共産党の赤旗拡大・配達に一定の制限をかけることとなった。ネットではこれらの取り組みを大歓迎し、他の自治体でも陳情を出すよう呼びかけが始まっている。同年3月16日、神奈川県茅ケ崎市議会でも、同様の陳情書が出され、審議の結果、賛成多数で採択された。

第4章　全国で初、小坪慎也市議の闘い

庁舎内「赤旗」追及の〝元祖〟小坪市議

頭髪を短く刈り上げ、銀ぶちのメガネの奥から眼光鋭くこちらを射抜くような眼差しを送る1人の男性。戦時中に生を受けていたら、彼は間違いなく特攻隊の一番機に飛び乗っていたであろう。そんな雰囲気を全身から醸し出している。

議会の闇にメスを。
一歩も退かぬ政治活動
誰より激しい一般質問
大きく報道された他市議による
保険金詐欺を議場で唯一追及。
課税逃れ？十数年にわたる市の公有地の
他市議による
不法占拠を暴露。
共産党による
職員への赤旗
押売り疑惑は
全国で改善。
すべて議場で。
力を入れた政策
教育、子育て支援、若者向けインフラ
安心安全のための防災（水害対策・治山事業）
福岡県行橋市の小坪市議会議員のパンフレットより

彼の名は、小坪《こつぼ》慎也《しんや》氏。3期目を迎えた福岡県行橋市の市議会議員である。これは、彼の政策パンフを飾る写真だ。そこに、有権者におもねる美辞麗句はない。代わって、自らを最大限に称賛・アピールする文字が躍っている。

「地方議員で国内一　圧倒的政治力」

これは単なるハッタリではない。

彼のブログには毎月、数十万のフォロワーがいて、地方議員の中では断トツの発信力を持つ。併せて、行動力も半端でない。

そんな小坪氏が、地方議会という舞台で粘り強く追及し、永年の慣習を打破しようと取り組んできたのが、庁舎内における共産党機関紙「赤旗」の勧誘・配達・集金問題だ。

小坪氏はこの問題の解決のため、行橋市議会だけを相手にせず、全国約１７００自治体に対しても、改善を求める陳情書を提出。庁舎内「赤旗」問題追及の取り組みでは、上畠《うえはた》寛弘《のりひろ》・鎌倉市議（当時）と共に〝元祖〟と言える人物だ。その小坪氏が、議会でどう発言し、いかなる成果を上げてきたのか。そこから汲み取れる教訓は果たして何なのか。そこに、「赤旗問題」を解決する多くの示唆やヒントが隠されているに違いない。

さて、小坪氏が初めてこの問題を取り上げたのが２０１３年12月９日の議会。小坪氏はこう切り出した。

「行橋市役所は、しんぶん赤旗の配布を結果的に容認し続けた歴史がある。（その部数は）少量ではなく、部・課長級の多くが、少なくとも私が見たところ過半数は購読しているように見受けられる。

（業務に必要な）資料だという意見もあるが、1つの部門に対し複数の部数が必要だとは思えない。市民から（こうした購読について）理解が得られるとも思わない。是正すべき古臭い慣例だと考えている。思想信条の自由を侵害する質問だとも考えていない。

なぜならば1点目、政治的中立を公務員は守る必要があること。2点目、職務中のデスクの上に正々堂々と置かれていること。3、何よりも公共施設である庁舎内であること。しんぶん赤旗は、政党機関紙。一般紙とは扱いを変えるべきだ。政党機関紙である、しんぶん赤旗は、購入が政党の政治資金にもなる。日本共産党は、収入が300億円ある日本一政治資金が多い政党。そのうち250億円が機関紙収入。すなわち赤旗購読は、日本共産党という特定政党への政治献金の側面が否定できない」

小坪氏は、「赤旗問題」の概要、状況をこう説明したうえで続けた。

「日曜版の配布が終わった月曜の午前中などは、市役所中の至るところが赤旗まみれ。行橋市役所職員の政治的な中立が疑われたとしても仕方がない。

実際に、市民から『市役所の部課長さんたちは、ひどく共産党の人が多いんやね』との声。最初、私自身も、えっと思った。あっ、あのことかと思い至った。クスッと笑ってしまった。実態はそうではないと知っているから。でも笑ってしまった後に、まずいと思った。これ、全くもって笑える問題ではない。

市民がそういうふうに誤解をするのは、致し方がない。これを是正できなくて、何が公明正大か、公共か。このような誤解を、どうやって是正していくか、これは全く笑えない話だ」

そのうえで、小坪氏は6つの質問を発した。

①いつから購読しているのか。②庁舎内での配布・集金・勧誘は事実か否か。③議員による庁舎内で配布・集金・勧誘行為は、心理的な強制と誤解されかねないが、どういう認識か。④赤旗まみれの庁舎内の光景は、政治的な中立性を疑われる行為だと思うが、執行部の見解は。⑤庁舎内での配布は禁止し、自宅配布に切り替えるべきと思うが、市の認識は。⑥図書館に（政党機関紙は）「赤旗」だけ設置されているが、設置基準はどうなっているのか。

総務部長の答弁は、概ね次のようなものだった。

①部課長職が約60人いるが、何人がとっているか調査していないので答えられない。期間

は、私の知る範囲では、もう数十年も経っているのではないか。
②庁舎内での配布・集金・勧誘は事実である。
③購読する、しないの判断は、個人の意思に基づいて判断されたもの。その判断に至った経緯に心理的な強制があったかどうかは個人的な意思の問題なので、私が答弁できる立場ではない。
④政治的中立性を疑わせるとの苦情は市民からは届いていない。ただ、多くの市民の目にふれて、政治的中立性を疑われるような状況があれば、ケースバイケースで対応も考慮。
⑤自宅配布を含め、全体的にどうするかは庁舎管理運用のなかで、改めて検証する必要があろう。

6番目の図書館における設置基準については、教育長が、行橋市における新聞刊行物設置基準の中の「特定の主義、主張に偏ることなく、公平な資料収集に努める」「著者の思想的、宗教的、党派的立場による資料の排除は行わない」と読み上げ、寄贈資料の受入れにあたっても、同様の方針をもって資料の選択を行い、寄贈申し出のあった政党機関紙1紙を受け入れていると説明した。

小坪氏の再質問に対して、総務部長は、「（購読は）20年以上は経ている」「部数等の調査については、やり方について少し工夫していきたい」と答弁。

政治的中立性が担保されるべき庁舎内で、共産党機関紙「赤旗」の大量購読・配達は禁止すべき、との小坪氏の発言は、翌日の「産経新聞」九州・山口特別版に、大きく掲載された。

「共産党市議／市役所で『赤旗』勧誘・配布／福岡・行橋市／『政治的中立性』に疑念」記事は、議会での質疑だけで終わっていなかった。産経新聞の記者は、独自取材をしている。それを紹介したい。

「一方、ある市職員は、産経新聞の取材に応じ、係長級昇進時に日曜版、課長級昇進時に日刊紙の購読を共産党市議に持ちかけられたと明らかにした。（中略）この職員は、『共産党は議会での追及が非常に厳しいし、他の管理職職員も大半は購読しているので断るわけにはいかないと思った。まあ購読しても手加減してくれるわけではないですが…。小坪氏の（購読禁止の）要求が通れば多くの職員は「万歳」ですよ』と打ち明けた」

市議会を舞台にした共産党市議との攻防

小坪氏の動きに対して、共産党京築地区委員会は、２０１４年1月9日、「憲法が保障する政治活動、思想・良心の自由への攻撃は許さない／靖国派・行橋市議による『しんぶん赤旗』攻撃に対する声明」を出した。

同委員会は、「これは、日本国憲法で保障された政治活動の自由、思想・良心の自由を侵害する最悪の攻撃であり、絶対に許すことはできません」「民主主義破壊を許さない圧倒的な世論と力を合わせ、自由と民主主義をまもるため、全力をつくします」と、断固闘う強い決意表明を発したのである。

だが、小坪氏に怯《ひる》む気配など微塵もなかった。同年3月6日、6月17日、6月26日の議会でも、このテーマを扱い、執行部の姿勢を質したのである。そして、さらに戦線を拡大していった。

小坪氏は、共産党議員らが庁舎内で、赤旗の勧誘・配達・集金をしていないか実態調査を求める陳情書を全国47都道府県と１７００余りの市町村の地方議会に、発送したのであった。私の手元に、小坪氏の陳情書の写しがある。その日付は手書きで「平成26年5月16日」

付となっている。

小坪氏は、「問題の本質は、共産党に所属する議員・元議員という立場の強い者が職務時間中の市職員に対し赤旗の勧誘を行っている点にある」と指摘。こうした永年続いた悪しき慣習を打破するために、「職場内で勧誘を受けた購読者は（職場内ゆえ職務命令をもって）一旦は全員解約、一年程度の期間をおいて希望者のみ自宅への配布が望ましいと考える。少なくとも勧誘・集金については禁止措置が妥当である」「公務員の給与は元を正せば税金である。議員という強権をもって公金を政治資金にロンダリングしていると疑われる状況は、政治倫理上あってはならない。実態調査及び早期の是正が必要である」とした。

小坪氏は、５月の連休明けから全国に発送作業をしたようだ。小坪氏と同じ行橋市議会議員で共産党の徳永克子氏は、自身のブログ（５月13日付）でこう書いている。

「行橋市議会議員の小坪慎也議員が、全国の市町村に『陳情』を送っているようです。地方自治体におけるしんぶん赤旗の実態調査と是正を、またその決議を求めるとする内容です。行橋市議会や私たちの所に、多数の問い合わせが来ています。議会は、まったく関知していません。文書を読み、どのような人間なのか?何をねらっているのか?というのが、質問の内容です」

こう説明し、徳永氏は、小坪氏の名刺には、「SNS-Free Japan代表・福岡黎明社（福岡憂国忌実行委員会）者同人・日本李登輝学校九州修学院理事・日本会議地方議員連盟と書かれています」（原文のママ）と紹介。

小坪氏の言動を批判的に扱っているが、ブログの最後には「小坪議員は、自分に都合の悪いものに対しては、まわりの人達の感情や空気が読めない人だと私は思っています。市役所の中では、赤旗新聞だけでなく他の政党や団体の種々の機関紙などが多くありますが、それを知っているのか知っていないのか。あえて目をつぶっているのでしょうか」と、独り言のような文章で終わっている。

この年の初めのブログで、「日本国憲法で保障された政治活動の自由、思想・良心の自由を侵害する最悪の攻撃であり、絶対に許すことはできません」と、小坪氏の言動を厳しく糾弾したあの威勢と怒りはどこに置き忘れてしまったのか。ただのパフォーマンスであったのだろうか。

小坪氏の精力的な動きに触発されて、自民党本部も動いた。

自民党組織運動本部（竹下亘本部長、当時）が２０１４年6月18日付で庁舎内における「赤旗」調査の要請文書を出したのである。この文書は、小坪氏が、赤旗の勧誘が、共産党市議の立場を利用した「心理的強制」の可能性があること、職場での購読は、公務員の「政治的中立性」が疑われることなどに言及。そのうえで、「議員の立場を利用して半ば強制的に地方公務員に購読させているのであれば、看過できない事態」と重視。議員の優越的な立場を利用した過剰な勧誘、市庁舎の管理規則に抵触した強引な勧誘が行われていないか、各議会での調査を依頼したものであった。

さて、小坪氏は庁舎内に大量配布されている赤旗の改善を求めて、様々な視点からの質問を議会で繰り出した。

6月26日、小坪氏が提出した「地方自治体における政党機関紙『しんぶん赤旗』の勧誘・配布・販売について実態調査を求める意見書」の取り扱いを巡って、共産党の徳永克子氏が激しく攻めた。同意見書は、衆議院議長らに対して、①職場における公務員の政党機関紙各紙の購読状況・勧誘実態についての全国調査②議員からの圧力・心理的強制について疑われる事例がないか、全国調査を求めるものだった。

徳永氏は、全国の地方自治体へ陳情書などを送付したことについて、小坪氏が自身のホームページに書いた「安倍政権の側面支援とするため、日本共産党に殴り込みをかけました。成果としては、十分にあがり、現在は、本隊に引き継ぎ中、側面支援としては、効果をあげることに成功しました。しんぶん赤旗に対しましては、王手飛車取りの覚悟で突っ込んでみました」との記述を読み上げて、「これまでの一連の一般質問も、この意見書の提出も、日本共産党への攻撃のために行われている」と断じた。

さらに徳永氏は、「どの政党の機関紙であっても、どの団体などの発行する文書であろうと、広範な国民に勧めることは、憲法が保障する正当な活動です。また購読する職員にとっては、個人の思想、信条の自由、内心の自由の問題であり、これを制限することは許されません」と続けたのである。

それでは、徳永氏にお尋ねするが、全国の地方議会で多数を占める自民党議員が、手分けして庁舎内の職員に、機関紙「自由民主」の購読を勧めて、庁舎内で勤務時間帯に配達・集金を手分けして行ったら、共産党は本当に「憲法が保障する正当な活動」と容認・称賛するのであろうか。

小坪氏の意見書は、賛成少数で否決された。

だが、小坪氏は同年9月8日、ひな壇に座る管理職の部長全員に、「赤旗」の勧誘場面や集金場面を目撃したことはあるか、配布されている部数はどれだけあるのか、と質した。部長たちの中には、自身が購読している事実を認めた人もいれば、部でどれほどの部数が購読されているか把握していないと答える管理職がほとんどだった。歯切れの悪い答弁をする管理職に向かって、小坪氏はこう吠えた。

「胸に誓って、いま答弁しなくて本当に良かったのかなと思いませんか。ここにおられる方、ほとんどの方が『長』という仕事、『長』という肩書が付いているんじゃありませんか。だから答弁するのも責任があるし、苦しむし、迷うし、ここで答弁しないことが、果たしてその職責を全うできているかどうか。また、私が述べた法論拠に、果たして本当に齟齬《そご》があるかどうか。その点については、しっかりと考えて下さい」

庁舎内勧誘・配達・集金の自粛を求めて

２０１５年の議事録に、小坪氏が赤旗の問題について言及した質問は見当たらない。再びこの問題を扱ったのは2016年6月20日だった。

この日の議会で小坪氏は、地方公務員法第36条（政治的行為の制限）の2「職員は、特定の政党その他の政治的団体又は特定の内閣若しくは地方公共団体の執行機関を支持し、又はこれに反対する目的をもつて、あるいは公の選挙又は投票において特定の人又は事件を支持し、又はこれに反対する目的をもつて、次に掲げる政治的行為をしてはならない」、また公職選挙法第136条の2項4号で、「その地位を利用して、新聞その他の刊行物を発行し、文書図画を掲示し、若しくは頒布し、若しくはこれらの行為を援助し、又は他人をしてこれらの行為をさせること」を禁じる旨を指摘。

そのうえで、小坪氏は「市民の目に触れる庁舎内で政党機関紙が掲示されっぱなしであり、結果として特定政党の候補者また候補者名が市民の目に触れる状況にあることは、いかがなものか」と尋ねた。

これに対して、副市長は「政党機関紙であろうとその購読が規制されることはない。ただ、公選法にしろ、地公法にしろ、その目的は公務員が地位を利用して政治的な行為をしない、というもの。その行為が政治的目的を持っているか否かは個別の事象ごとに判断していくしかない」と答弁した。

するとと小坪氏は、各政党機関紙を政策資料として認めて「一定数を部門単位で買うのはどうか」と提案。しかし、副市長は「公費によって各部署で買うということは現在考えておりません」とつれない返事だった。

小坪氏は、「政党機関紙の配達・集金を庁舎内で行うのではなく、自宅に変更すべき」と語ったあと、こんな質問をした。

「私個人、もしくは会派で、しんぶん白旗というものを作りまして、私たちが職員さんにそれを売って回っても、特に問題ないんでしょうか」

副市長「その新聞の性格によるんじゃないかと思います」

小坪氏は、さらに法令遵守、コンプライアンスの側面から、庁舎内での「赤旗」勧誘・配達・集金の自粛の必要性を説いた。

副市長は「公務員の行為が政治的目的を持っているか否かによって判断されるべきものであり、机の上に置いているから即駄目だという話にはならないと思う。それぞれ個別の事象によって判断していかざるを得ない」。再び小坪氏が「政党機関紙を資料として、一定部数ずつを執行部が買うのはどうか」と提案するも、副市長は却下。

最後に小坪氏は、政治献金の側面が否めない購読費のやり取りを、勤務時間内に職員が庁舎内で行うことはやめて外でやってもらいたい、と提案。副市長は個別の徴収の事実を認めながらも、「例えばこれが徴収によって職務に支障が出る、もしくは数か月に一度の支払いで経済的にもどうだという話になれば、そのときに徴収の在り方を含めて検討もする」とのことだったが、現状では支障がないと答えている。

庁舎内の赤旗の取り扱いをめぐる見解に対して、小坪氏と行政の間には深い溝があるのは明白だった。事態は膠着《こうちゃく》状態にあるように見えた。ところが、これが一気に動いたのである。それは、２０１７年の3月議会だった——。

「本日3月7日、１８７3年神武天皇即位日を紀元節と称することを決定した日です」

こう切り出した小坪氏は、庁舎内に赤旗が大量に配達されている問題点を挙げて最後、市長にこう問うたのである。

「執行部に問います。当市では、公共施設内での政党機関紙の勧誘・配布・集金について、禁止すべきであると考えております。市長、答弁をお願いします」

答弁に立ったのは、前任の八並康一氏に代わり、２０１４年3月18日から就任した田中純市長だった（~２０２２年3月17日）。田中市長はこう答弁したのである。

「小坪議員の御意見は、誠にもっともであると感じる部分が多々ございまして、他の自治体でも既に禁止されている状況等々もあるようでございますので、本市においても、今後は禁止の方向で検討してまいりたいと考えております」

これを受けて小坪氏は、事前に質問を出していた庁舎内での赤旗配布部数、及び推移について聞いた。すでに調査を終えていた総務部長が答弁。

「平成26年9月は管理職職員１５４名に対しまして１０５名で68％です。平成29年3月管理職職員１５９名に対しまして69名、43％です」

この答弁を聞いて小坪氏の胸中には万感の思いが溢れたであろう。２０１５年の12月議会で初めてこの問題を取り上げて3年半近く、まさに「暖簾《のれん》に腕押し」状態が続いた。それでもなお、小坪氏はレンズで太陽の光を集めて、紙に火をつけるかのごとき執念で質問を投げ続けた。それは20年以上、地方自治体によっては30年も続いてきた悪しき慣習に、「風穴」を開ける闘いでもあったのだ。

「こうして禁止ということで答弁をいただきまして、やっと、ちょっと肩の荷が下りたところがございます…。これが是正の方向に進むということで非常に嬉しく思っております」

行橋市は2017年4月1日、庁舎内管理規則を改定。政党機関紙等の新聞も含む物品の販売、勧誘などの営業行為、ビラの配布は、許可申請が必要と定めた。また、個人情報保護センシティブデータの取り扱い、コンプライアンスの観点から、許可を得た場合でも、廊下などカウンターの外で、かつ勤務時間外の行為のみ認めることとしたのである。

小坪氏は、政党機関紙の庁舎内勧誘・配達・集金を禁止するのではなく、許可制にすることで、もし許可が出た場合は、許可を出した行政にその根拠を質すとした。この「極めて美しいやり方」（小坪氏）で、行橋市庁舎内から、赤旗は姿を消したのだった。

庁舎内管理規則を改定した4月1日付で、小坪氏はかつて議会で提案したA4サイズの「しんぶん白旗」を発行。

「市幹部職員　赤旗購読率7割／赤旗、ついに禁止へ／機関紙の勧誘・配布・集金にメス」

「4月1日より全面禁止。発見したら一般質問」の見出しが躍った。

小坪慎也市議に聞く
——議会で共産党機関紙「赤旗」を取り上げようとされた経緯から伺いたい。

小坪慎也氏（以下、小坪氏）　お話の前に、鴨野さんが国際勝共連合、世界平和統一家庭連合の方ということは承知していますが、私自身はいずれの会員でもないということを一言、お断りしておきます。それでも、この「赤旗問題」を追及してこられた鴨野さんのジャーナリストとしての姿勢に共感をしているので、この取材に応じた次第です。

さて、私が市議に初当選をさせていただいた時、同じ地域から共産党の新人候補が出馬し、落選しました。私が住む小学校区の住民の関心・課題は人口減少で、小学校が統廃合するということでした。そういう地域ニーズに応えて、地元の請願書と、学校存続を求める署名を提出しようとしたところ、共産党のベテラン議員、徳永克子さんから妨害されました。手続き上、何の問題もないのに、私が紹介議員となった請願が議会で採択されると、議員としての私の実績になってしまう。そうなると、次の選挙でも新人の共産党候補がまた勝てなくなるのではないか、と勘違いしたのでしょうか。共産党議員が大声を出して、この請願を妨害。都合3期の議会、合計9か月にわたって共産党が議会審議で騒ぎ立て、他の先輩議員が共産党に対して、綺麗な言葉で言えば「配慮」、正確にはびびって、この請願は取り下げられてしまいました。

共産党は、他の議員が市民が本当に喜ぶことに頑張ると、自分たちの人気が相対的に下がるから妨害行為に及ぶ人たちであり、まさに「市民の敵だ」と認識。共産党と本気になって喧嘩しようと腹を固めました。私に嫌がらせしたのだから、今度は私の方が、相手がもっと嫌がることをする。そうすれば、私に対してもう二度と嫌がらせをしないだろうと思ったのです。

――共産党の妨害活動が、庁舎内における「赤旗」勧誘・購読・集金問題のきっかけとなったのですね。

小坪氏　小学校区の統廃合問題というフィールドで戦っても良かったのですけど、先に喧嘩を仕掛けてきたのは先方です。戦うならば、相手がもっとも大事にしている資金源を叩くことこそ、戦術的には最大の効果があるのではないでしょうか。ロシアとウクライナが戦争していますが、ウクライナ国内で敵と戦っていても、ロシアには絶対勝てないでしょう。敵の心臓部に斬りこむ。これが戦いに勝つための常道です。

やがて、このテーマを掘り下げていく途中で、この「赤旗問題」こそ、共産党の全てだということに気づいたのです。

第一に、共産党にとって彼らが目標とする「革命」は、機関紙「赤旗」を通じて実現するという重要な役割があるということです。ツイッター（現：X）やブログではない。赤旗こそが、革命のツールであると。それゆえ、共産主義者にとって、赤旗がなくなることが最も嫌がることであり、最も恐れている事態だと見抜いた次第です。そこから、全国の自治体（役所）で、何部ほど部数が購読をされているか計算し、何部削ったら、共産党に打撃を与えるのかを計算しました。

ご承知のように、政党助成金を受けていない共産党の収入約２００億円の実に85％から90％が機関紙収入です。まさに財源の大黒柱。しかし、その一方で、機関紙の編集・制作・印刷・配送・配達に莫大なコストがかかっており、約20万部と言われる日刊紙「赤旗」がすでに赤字に転落。これを日曜版「赤旗」の収益で補填《ほてん》している状況が、ここ数年来続いています。党関係者からは、いっそのこと「日刊紙を廃刊にしてしまえ」との声も出ています。

共産党の大黒柱である赤旗の赤字部門を削るという判断は、収益面での改善をもたらす点で合理的なものです。ところが、共産党本部は、簡単に赤字を垂れ流す日刊紙「赤旗」を廃刊にできないだろう。私はそう見ています。

なぜか。赤旗購読は、共産党の政治生命に直結する選挙戦に密接につながっており、また共産党への新規入党の「窓口」的な役割を担っているからです。

すなわち赤旗が、①共産革命のためのツール（武器）である、②政治活動の財源である、③選挙の際に投票を呼び掛ける名簿である、④新規入党候補のリストである。だから、「赤旗こそ、共産党のすべてである」と言って過言ではないのです。

逆に言えば、この赤旗を全国の庁舎内から追放してしまえば、共産党に致命的な打撃を与えるだろうと見ています。

――「赤旗」購読の名簿が、選挙の際に投票を呼び掛ける名簿であるとの指摘ですが、具体的にはどうなっているのでしょうか。

小坪氏　役所の職員が赤旗購読の申し込みをした際、契約書に彼らの住所を記載するわけで、自宅が分かります。そうすると共産党議員や党員は、選挙の前にやっぱり自宅を訪問して、「今度の選挙、よろしくお願いします」と挨拶に行って頭を下げています。たとえ、職員本人の票が入らなくても、「家族のどなたかの一票でもよろしくお願いいたします」と。役所という同じ職場の人から、そうして頭を下げられると無下に断ることもできない。

共産党は２０２１年の総選挙の比例代表選で、議席を11議席から９議席に後退させていますが、それでも４１６万票を得票しています。党員二十数万人の共産党が、党員の十数倍の得票を得られる背景には、90万前後の「赤旗」購読者の存在が大きい、と見ています。

また、赤旗を読むとわかりますが、赤旗読者の集いを全国各地で開催し、その読者に入党を誘って、「入党してもらいました」と嬉しそうに報告している記事が活動報告のページに紹介されています。赤旗読者こそ、共産党入党の予備軍であるという位置づけをしていることは間違いありません。

――地方公務員の一部には、納得して赤旗を購読している方もおられるでしょう。しかし、７割、８割は半ば無理やりに購読させられているというデータもあります。そういう人が、共産党候補者への投票行動につながるものでしょうか。

小坪氏　どうも、それがそうでもないのです。自宅に何度でも来られて、「御主人が難しいのであれば、奥様やお子様の票でよいのでお願いします…」と家族票を狙うのです。

バッジを付けた議員から、「こちらもちゃんと数字を集計しております」などと言われたら、怖い。積極的な理由でなく、同じ職場内で、波風立てずにおこう、という心理は働くようです。そのように共産党側が仕掛けている、ということです。

つまり、庁舎内で大手を振って政党機関紙の営業・集金することで、市議会議員に対して立場が弱い市の幹部職員の名簿が、契約者情報として収集できたのではないか、という仮説です。実は、一部の市職員から匿名を条件に証言を得ており、これが全国の実態なのか把握はできていませんが、組織的にやっていた可能性は否定できません。

共産党が市議選等において、選挙用の市職員名簿として赤旗の購読者リストを利活用していたという仮説に対し、実際赤旗が禁止となった行橋市では、市議選における共産党の得票率が大幅に低下しました。特に当市は7割もの購読者がいたため、その影響は大きく出たのではないかと考えております。

――行橋市における市職員の購読状況の変化と、共産党候補の得票の関係性について、お聞きしたい。

小坪氏　行橋市は平成26年9月と29年3月に職員個人の機関紙購読の調査を行っており、

26年は管理職154人中、約7割にあたる105人が、平成29年は管理職159人中、約4割の69人が「赤旗」を購読していたことを一般質問で明らかにできました。

そこから、庁舎管理規則における〝事前の許可が必要〟という点に留意しました。赤旗を配布したいというのであれば、共産党議員が申請をし、市側が許可したとなれば、市による行政判断が下されたということです。それはまさしく一般事務でありますから、一般質問の対象となります。結果、行橋市の赤旗は0部となりました。

平成24年当時、共産党は補欠選挙も含め、余力をもって3議席を保有していましたが、いまは定員20に対して下位の当選順位となっており、党勢が著しく低下。もはや3議席を得ることは不可能と言わざるを得ません。そのデータを示します。

（平成28年４月）　　　　（令和２年４月）
徳永かつ子（共産）１４０３票　⇓　９４８票
田中つぎ子（共産）１３９９票　⇓　９７５票

2人はいずれも４００票以上の票を減らして、当選者20人のうち17位と18位。ちなみに、私は11位当選。共産党候補が票を減らした背景には、私が議会でこの「赤旗問題」をしつこく質問した影響もあると見てはいますが、赤旗の個人購読者が、市役所から消えたことが大きな要因ではないのかと分析しています。

――赤旗の部数減少が、資金源、党員数、獲得票の減少につながり、とどのつまり、共産党の国会議員、地方議員の議席数の減少につながり、彼らの「革命」が遠のく、というわけですね。

ところで、85万部といわれる「赤旗」日刊紙・日曜版の部数のうち、全国の庁舎内には何部ほど個人の購読者がいるか。私は、全国にいる地方議員が約2000人いて、彼らが熱心に勧誘してきた読者は、議員1人に対して100人はいるのではないか、と見ています。鎌倉市でも共産党議員が5人いたときに、個人購読の職員が500人でした。それから類推するに、全国で15万から25万前後の地方公務員が赤旗を購読しているのではないか、との見立てです。

小坪氏　そうですね。1700の自治体で平均100部はとっているだろうと見ています。ですから、全国の役所で17万から20万の購読者はいるだろうと。私が鴨野さんと違う視点は、役所を退職した方ですね。この人たちが思いのほか、退職後も購読を続けているのではないか、と見ています。毎年４月には新しい管理職が誕生して、購読のターゲットになりますが、その一方で新しい退職者が増えるわけですが、この人たちの何割かが退職後も購読しているのではないか。そんなわけで、役所の現役とＯＢ両方の読者数は簡単に減らない。いや、増えている役所もあるのではないか、と思います。

――衆議院議員、杉田水脈氏は著書『なぜ私は左翼と戦うのか』（青林堂、２０１７年）で、兵庫県西宮市の職員当時、赤旗購読を義務付けられた体験を赤裸々に吐露しています。杉田氏の上司が勇気をもって「とらない」と宣言。ところが、購読を断ったその瞬間から、その係長を含むその部署の職員全員に、共産党の市議による執拗な嫌がらせが始まったという。

例えば、凄く難しい資料を出せ、という要求が来る。苦労してようやく提出するとすぐに「別の資料をよこせ」と違う注文が入る。これまた、大変難しいものだったりする。こうして職員をヘトヘトにさせるのが、共産党の手口だと杉田氏は指摘しています。

小坪氏　彼らはほかのやり方もしてきます。例えば、鴨野さんが役所の部長で、ある委員会に出席していたとする。鴨野さんの部下がある議案の説明する立場だとして、彼がミスをしてしまったとしましょう。その時、共産党議員は徹底的にその部下をいじめるのです。もう、上司が見るに堪えない、心が痛いというほどに追い込む。その頃合いを見計らって、共産党議員が、いじめている職員ではなく、なんかと部下を守ってやりたいという上司の鴨野さんを訪ねて、赤旗の購読を持ちかけるのです。これは、私の調査した限り、他の自治体でも行われています。それこそ、マニュアル化されているのではないか、とさえ思うほどです。

――田中市長に代わって、「赤旗問題」に対する市当局の姿勢が変わり、劇的に改善されたが、その理由は何ですか。

小坪氏　実は行政サイドは、私の質問に対して、ある時期から理解を示し、庁舎内での政党機関紙の勧誘・配達・集金問題を改善しようとする考えを固めていたのですが、私の方で時間を稼いだと言いましょうか、待ってもらっていた側面があります。この問題は根深いので、長い時間をかけて徹底的に質問することで、議員のみならず、市民の方々にも理解を深めて共感して改革していきたい、という狙いがあったのです。ですから、いろいろこの間ありましたが、結果は満足しています。

第5章 県庁に巣食う「赤旗」の増殖を阻止せよ

突出する「赤旗」の公費購入

「富山県庁には共産党の職員がたくさんいるのか!?」

「我々の税金を共産党の資金源にするな！　もっと良い使い道があるだろう！　必ず改善せよ。もし来年も同じように購読するならば、住民監査請求をするぞ!!」

２０１７年8月21日、富山県庁には朝から抗議の電話が相次ぎ、応対した広報課の職員は返答に窮したという。同日付の日刊紙「世界日報」が、「富山県庁でも『赤旗』出費突出／公費購入による政党機関紙」と題して、富山県庁で赤旗の出費が政党機関紙全体の約75％を占めるという異常な事態であると報じた。冒頭で紹介した富山県庁への相次ぐ抗議は、この記事を読んだ県内外の読者からだったのである。

記事は、富山県庁が公費で、毎月購入している政党機関紙が、「公明新聞」５部（1部1か月１８８７円）、社民党機関紙の「社会新報」47部（同７００円）、自民党機関紙「自由民主」が52部（同４２５円）。これに対して、共産党の赤旗は日刊紙53部（同３４９７円）、日曜版16部（同８２３円）で合計69部。

公費による年間購読代は、「公明新聞」11万３２２０円、「自由民主」26万５２００円、「社

富山県庁

会新報」39万４８００円となるのに対して、赤旗は、毎月の支払い額が19万８５０９円、年間で２３８万２１０８円という内容だった――。

世界日報が、県庁が公費で購入する政党機関紙の実態に着目して最初に報道したのは、２０１7年2月17日付。「公費購入による政党機関紙／『しんぶん赤旗』が突出／兵庫県庁県土整備部　共産党系計64部」と題して報じた。

同県の政党機関紙の購読部数は２０１６年11月時点で、日刊紙「赤旗」が54部、「赤旗」日曜版が46部、共産党兵庫県委員会発行の週刊紙「兵庫民報」が24部であった。

なかでも県土整備部総務課は、共産党系機関紙の部数が計64部と突出していた。購読の理由について同課は「業務に必要な情報を得る目的で購読している」としているが、この報道を見た読者などから、県庁に「極端に偏っているのはおかしい」という苦情がずいぶんと寄せられたようだ。

その証拠に、新年度を迎えた2か月後の4月17日付「世界日報」は、兵庫県庁県土整備部が昨年度に比べて日刊紙「赤旗」が24部減、同日曜版が24部減、「兵庫民報」が10部減となり、いずれも2部になったと報じている。県土整備部総務課は「全体とのバランスを取った」と語った。

こうした報道に刺激を受けて私は、自分の故郷・富山県の数字を知りたいと思い、富山市在住の知人に、情報公開請求を依頼した。富山県議会の定員40人のうち、自民党議員は30人（当時）、社民党・無所属が5人、公明党、日本共産党はいずれも1人だけ。さらに、富山県は有権者に占める自民党員の割合が全国でもトップレベル。赤旗がそれほど多くないだろうと予想していたのだが、その予想は見事に裏切られた。

富山県庁の場合、公費による赤旗の年間購読代は200万円を優に超えて、「公明新聞」の購読代の20倍以上、「自由民主」の購読代の8倍以上の出費となっているのである。私は県広報課に、政党機関紙の購入部数決定の経緯を尋ねると、「各課の判断で購入しています」と答えた。さらに、部数や購入金額が著しくアンバランスな点を是正することはしないのか、との質問に「それも各課の判断になります」との返答だった。

戦後長く自民党政権が続き、地方自治体も保守系の首長が大半を占める。にもかかわらず、数多くの県庁で赤旗購読が多数を占めているというのはどういうわけなのか。果たして、税金が公正・公平に使われていると言えるのだろうか。


私には、赤旗についてどうしても看過できない体験があった――。作家、森村誠一が書いた『悪魔の飽食』と『続・悪魔の飽食』（ともに光文社）は旧関東軍７３１部隊が細菌戦研究のため「人間の生体解剖を行った」という衝撃的証言と、これを裏付けるショッキングな写真が話題となって、合計２７０万部を超えるベストセラーとなった。だが、後になって使用された写真が実は明治時代、ペスト患者を扱う医療者の写真だったことが分かったのである。

さらに、今も鮮明に覚えている場面がある。あれは１９８２年12月、捕虜を生体解剖したとされる長野県のK氏宅をアポなしで訪ねて、生きた人間の脳を切開したという『悪魔の飽食』の記述を示しながら、「本当にこのように話したのか」と聞いた時のことだ。K

氏は驚きを隠そうともせず、「私はウサギの解剖の話をしただけです。それがどうして、人間の生体解剖になってしまったのですか！」と訴えた。当時、この「証言歪曲」問題を本格的に追及したのは世界日報と、文藝春秋発行の月刊誌『諸君！』だけだった。

「七三一を悪く書けなくなるから、会わない」と決めた森村に代わって、これらの取材は皆、当時の「赤旗」特報部長、下里正樹が担当した。

『悪魔の飽食』は、共産党機関紙「赤旗」（日刊）に74回掲載され、その後「赤旗」日曜版に、5か月近く掲載されたのが『続・悪魔の飽食』であった。『悪魔の飽食』というタイトルは、旧関東軍731部隊の残忍性を糾弾するものだったのだろう。だが、本当に悪魔的な行為をしたのは同部隊ではなく、書き手の森村誠一、下里正樹であり、紙面を提供して大々的に報道した共産党機関紙「赤旗」であったのだ――。

全国規模の実態調査に乗り出す

言論機関として死守すべきモラルを平気で破る赤旗をわざわざ税金で購入し、県庁の中枢で働く職員の机に溢れているという事態はどうしても看過できない。私は2017年9

月中旬、世界日報関係者と協力して、この問題の全国調査に取り組むことにしたのである。

私は各県庁に対して、次のような情報公開を申請した。

①県庁舎内、出張所、出先機関で公的に購読している、政党機関紙の購読部数が分かるもの。また、購入先の課または係の名称。「赤旗」日刊紙・日曜版、「公明新聞」、「新社会」（週刊）、「自由民主」（週刊）、「民進」、等の政党機関紙。

②過去5年の範囲で、各政党機関紙に対する公費の支払いの総額（年間）が分かる公的資料。

通常では、1か月程度で資料が届くものだが、どの県でもこうした作業をした経験が乏しく、なかには「情報公開の性質になじまないので、いったん請求を取り下げてほしい。その代り、こちらで聞き取りをしてまとめて『情報提供』という形で対応させてくれないか」という提案をした県庁も数か所あった。

また、請求先を県知事にすることで、県庁の出先機関なども調査してくれる県もあれば、知事以外に教育委員会、選挙管理委員会、監査委員、人事委員会、労働委員会、収用委員会など10を超える各委員会などに個別で申請が必要なケースなど各県で対応が違っており、47都道府県の全貌が明らかになったのは師走の声を聞いてからだった。

一覧表にしてまとめたのが、113~114ページの表である。共産党発行の機関紙は、日刊紙「赤旗」と「赤旗」日曜版を対象に調査を依頼したが、「新ぐんま」「新かながわ」「兵庫民報」「高知民報」など、共産党の各県委員会で発行している機関紙の購読も浮かび上がってきた。

一覧表に記載されていない政党機関紙は、民進党発行の「民進プレス」で、宮城県で1部、東京都で5部、神奈川県で1部購入している。また社民党機関紙には「社会新報」の他に、「新社会」「月刊社会」等が含まれる。

見ていただくと分かるように、共産党の機関紙の購読部数が圧倒的に多い。全国で、日刊紙「赤旗」が合計717部、「赤旗」日曜版が215部、県版の機関紙が89部で総合計が1021部に達する。これは、公明党の機関紙「公明新聞」506部の2倍以上。社民党の機関紙「社会新報」388部の3倍弱。政権を担う自民党の機関紙「自由民主」が323部と一覧表の中で一番少ないという、皮肉な結果となった。

もう少し、この一覧表を分析していきたい。

庁内で、共産党機関紙よりも他の機関紙が多いのは山梨、新潟、石川、福井、神奈川、

各都道府県の政党機関紙購読部数（2017年秋の調査）

	日本共産党			社民党	公明党	自民党
県名	日刊赤旗	日曜版	各県版	社会新報	公明新聞	自由民主
北海道	31	0	0	1	30	8
青森県	4	3	0	5	2	3
山形県	8	3	0	5	1	0
秋田県	6	0	0	0	0	0
岩手県	3	0	0	0	0	0
宮城県	5	0	0	2	1	2
福島県	3	0	0	0	0	0
群馬県	10	0	5	0	1	1
栃木県	5	0	0	1	2	3
茨城県	13	0	0	1	10	0
埼玉県	89	10	0	49	77	1
東京都	22	12	0	3	13	10
千葉県	77	38	0	26	40	1
神奈川県	16	16	10	12	21	51
山梨県	15	0	0	8	28	0
新潟県	1	0	0	2	1	1
長野県	9	0	0	1	2	1
富山県	53	16	0	48	5	52
石川県	13	2	0	43	18	4
福井県	0	0	0	0	1	0
岐阜県	9	3	0	0	7	0
静岡県	27	16	0	7	18	11
愛知県	32	9	2	1	13	11
三重県	21	3	0	0	2	1

滋賀県	2	0	0	1	0	0
和歌山県	73	0	0	78	78	84
京都府	1	0	0	1	1	0
大阪府	8	6	6	5	8	1
奈良県	18	1	2	2	12	0
兵庫県	33	23	17	17	26	55
鳥取県	15	0	0	5	22	0
島根県	11	3	0	0	2	0
岡山県	35	35	27	26	28	3
広島県	1	1	0	4	1	0
山口県	7	3	4	0	4	0
徳島県	6	0	0	4	5	0
愛媛県	15	10	15	19	15	9
高知県	2	0	1	0	1	0
香川県	3	0	0	4	4	3
福岡県	3	0	0	2	3	1
大分県	1	0	0	1	0	3
佐賀県	1	0	0	4	1	0
長崎県	0	0	0	0	1	0
熊本県	0	0	0	0	0	0
宮崎県	6	2	0	0	1	0
鹿児島県	4	0	0	0	0	3
沖縄県	0	0	0	0	0	0
合計	717	215	89	388	506	323
総合計	**1021**			**388**	**506**	**323**

新潟県、茨城県のデータは2017年3月現在の数字。一部の県の出先機関で未調査。社民党機関紙には「社会新報」のほか「月刊社会」「新社会」「社会民主」「商工新報」等も含む。「公明新聞」には日曜版も含む。一部の県で購入している自民党資料頒布会の資料には、機関紙「自由民主」「政策特報」、女性誌「りぶる」があるので3部とカウントした。

和歌山、鳥取、香川、佐賀、長崎の10県のみ。共産党機関紙の占める部数が、他の機関紙を上回っている県は実に29道府県に上り、他の機関紙と同数の８県を合わせると37道府県を占める。「赤旗」日刊紙・日曜版と県版を合わせた数がとりわけ多いのは、北から北海道（31部）、埼玉（95部）、東京（34部）、千葉（１１５部）、神奈川（42部）、富山（69部）、静岡（42部）、愛知（43部）、三重（25部）、和歌山（73部）、大阪（20部）、奈良（21部）、兵庫（73部）、岡山（97部）、愛媛（38部）などだ。

その一方で、東北や四国、九州地域における政党機関紙の購読部数は極めて少ない。機関紙の総部数が10部以下の県が秋田、岩手、鹿児島など18府県もある。長崎県は県内では一部も購入しておらず、東京事務所で「公明新聞」１部だけを購入。福井県も１部。熊本県、沖縄県に至っては政党機関紙を全く購入していないという返答だった。

このデータから浮かび上がってくるのは、政党機関紙を公費で購入せずとも、県庁の通常業務にはなんら差支えがないということだ。どうしても必要というのならば、図書館、待合室や食堂などオープンスペースに新聞を置けばよい。

各機関紙の値段に注目してもらいたい。毎月の値段が日刊紙「赤旗」３４９７円、同日曜版823円（当時、現在は930円）、「社会新報」700円、「公明新聞」1887円、「自由民主」425円。これを一覧表の部数で掛けると、年間で共産党約3221万円（県版を除く）、社民党326万円弱、公明党1146万円弱、自民党165万円弱。共産党は実に自民党の20倍近い収益を得ているのだ。こうした状況が過去二、三十年間続いてきたと見て間違いない。

議会で県の姿勢を質す

県庁における政党機関紙の購読実態に注目して、議会で質問をする議員も現れた。岡山の自民党県議、波多洋治氏である。

岡山県は2017年、「赤旗」日刊紙・日曜版、県版の3紙で合計97部に達しており、政党機関紙の合計部数（154部）の半分以上を占めている。波多氏は9月20日の県議会において、県の姿勢を質した。主なやり取りを紹介しよう。

波多氏　共産党機関紙への支払いは、自民党の108倍にも及ぶのであります。この購読部数と購読料の数字だけでも、いかに共産党系の占める割合が、他紙に較べて、極端に多いかが、一目瞭然であります。中立公正を期すべき行政が、これほど共産党系に偏重していることをおかしいと思いませんか。大変残念ながら、共産党は知事さんを支持していませんよ。

政党の機関紙あるいは特定宗教団体の機関紙は、特定の主義主張に基づき、発行しているものであります。従ってそれを購読するならば、原則的には主義主張を同じくする人が、自らの私費を投じて購読すべきものであります。予算の配分権は知事の専権事項でありますが、それらの購読に多額の公費を費やすことは、許されるものではありません。私は、直ちに検討し、是正し、機関紙購読料を削減すべきであると思います。

知事　政党機関紙等については、各部局が業務の推進にあたって、情報収集の観点から、それぞれ必要最小限の部数を購読しているものと承知しております。

このたび議員からご指摘もいただいたことから、再度、購読の目的や必要性を十分に検証するよう、各部局に指示したいと考えております。

波多氏　これらの機関紙が、それぞれの部局や課独自の裁量で購読されており、実態の詳細を把握しにくい状況にあります。ここは政党等機関紙に係る経費を統括する部署、または財政課に設置する等、一定の購読指針の下に、バランスの取れた支出を考えるべきではないか。

総務部長　政党機関紙等について、全庁的に統括する部署や購読指針を設けることは考えておりませんが、先ほど知事から答弁申し上げましたとおり、各部局において、再度、購読の目的や必要性を十分検証するよう徹底したいと考えております。

波多氏　一体、いつから、このように、政党機関紙等が、共産党に偏重して購読されるようになったのか。昭和の時代から、実に何十年にもわたり、購読され続けているのか。そこには、購読せざるを得ない一定の理由があったのか。その理由とは何か。今日ではその理由は解消されているのか。過去の経緯も調査していただきたいと思いますが、いかがでしょうか。

総務部長　購読料に係る支出証拠書類の保存年限が2年とされていることから、政党機関紙等の購読を開始した時期を特定することは困難であり、また、購読を開始した理由など、過去の経緯について調査を行うことも同様であります。

波多氏は、知事に対して「政党機関紙等の購読について、余りにも偏重した現状を踏まえ、改革刷新に向けて、勇断を振るわれ、適切なご回答を」要望した。

私が波多氏に電話を入れて議会質問について尋ねると、「共産党と対決する覚悟で臨んだ」と語った。そして、「来年1月から予算編成に入っていくので、この問題についてはキチンと自粛するようさらに議会でも質問していきたい」と強い決意を表明したのである。

波多氏が指摘しているように、政党機関紙は、それぞれの部局や課独自の裁量で購読されており、実態を把握している部署が存在しない。

実際、「赤旗」日刊紙・日曜版で合計99部を購入している埼玉県の担当者（県政情報センター）は「課所ごとに購入が行われ、何を購入する、またはしないについては、各課所の判断により行われている」とし、購読部数決定の経緯や部数や購入費の偏りが是正されるかについては分かりかねるとの返答だった。

さて、波多県議の質問と、これに対しての「再度、購読の目的や必要性を十分に検証するよう、各部局に指示したい」と答弁した伊原木《いばらぎ》隆太《りゅうた》・岡山県知事の言葉通り、その後、事態は大きく改善されたのである。

知事部局が作成した2018年度の予算案で、日刊紙「赤旗」は35部（2017年）から19部に削減され、「赤旗」日曜版35部と「岡山民報」27部がいずれもゼロに。2017年度に「赤旗」日刊紙・日曜版計12部を購読していた教育委員会は日刊紙2部のみとなった。2017年、県庁全体で共産党系機関紙を97部だったものが、一気に21部に減ったのである。同時に、「公明新聞」が28部から18部に減るほか、「聖教新聞」13部、「社会新報」25部は共にゼロになった。こうした問題が議会できちんと議論され、首長が決断すれば、事態は劇的に改善できるという象徴的な事例と言える。

また、千葉県は日刊紙「赤旗」が77部、同日曜版が38部で合計115部と全国で唯一、100部を突破している。しかも、驚くべきことに2013年度は日刊紙「赤旗」が67部、同日曜版が34部の計101部だった。つまり、この4年間で合計14部も購読が増えているのだ。

赤旗購読に偏重しており、しかも増えていることについてどう考えるのか。私は、千葉県広報課広報班に電話したが、「どの新聞を取る取らないは、各課の独自の判断で決めているので、コメントできかねる」と答える始末だった。

県庁内での政党機関紙の購読数は、一般紙や地元紙の購読に比べれば少ないだろう。しかも数年経てば、こうした記録も消されてしまう。統括する部門もない。その盲点をついて、共産党機関紙は自治体のメジャーな媒体になったのであろう。

そもそも機関紙というのは、その団体、政党に加入している会員かシンパが購読するものだ。だが、赤旗はその点では全く特異な存在だ。党員が現在約25万人と言われているが、赤旗の部数は日刊紙・日曜版を合わせれば約85万部。かつては３００万部を超えた時代もあった。

機関紙「赤旗」を通じて、共産党のイメージチェンジと党勢拡大を指揮したのは宮本顕治だった。宮本はかつて、こう述べている。

「今日、日本の大衆は、テレビを見、なんらかの商業新聞を読み、そして、それぞれ政党を支持するという、そういうわくにはめられている。これを変えていくのですから、たいへんな仕事です。

中国革命のように、いっきょにどこを進撃して、どこの町を落とした、だから、ここは解決したというように簡単にいかない。ほんとうに日夜がそういう複雑な思想戦、宣伝戦、組織戦の継続であります。それに耐えるような党でなければ、勝利者になれない。……死んでもいいとバリケードから飛びでて突撃するという英雄主義でなく、ねばりづよく、敵の思想、文化、組織をうちやぶり、われわれの陣地をふやしていく、ここに最大の英雄主義があるということをいっているわけであります」(「赤旗」1981年6月13日付)

敵の組織をうちやぶり、われわれの陣地をふやしていく――。その足場こそ、機関紙「赤旗」であったのだ。

そして、本の冒頭にも紹介した元共産党員の安東幹氏が指摘したように、年に何度か設けられる赤旗拡大集中期間の際、議員は日刊紙10部、日曜版20部などと宣言。目標達成しろと、きびしく指導される。そのため、集中期間前に、赤旗を勧誘して購読の約束を取っておいて、期間初日に、拡大したと上部に報告したり、拡大期間のたびに、1か月だけ購読してくれる友人がいて、要領よく、党内でのお叱りを避ける党員も出てくるというのだ。

かくして、赤旗は全国の県庁の隅々にまで入り込んでいったのである。全国の心ある県会議員は、赤旗で、貴重な税金と職員の思想が蝕まれないように早急に防備していただき

15都道府県公費での「しんぶん赤旗」購読数と料金

	2018	2022		
		日刊	日曜版	年間購読料
和歌山県	73	73	0	3,063,372
富山県	67	46	15	2,097,744
埼玉県	59	46	6	1,997,304
千葉県	120	31	13	1,445,964
愛知県	38	29	8	1,306,236
兵庫県	68	23	15	1,132,572
静岡県	41	23	12	1,099,092
北海道	31	26	0	1,091,064
神奈川県	46	18	8	844,632
東京都	35	17	8	802,668
岡山県	20	19	0	797,316
奈良県	15	17	7	791,508
愛媛県	38	13	9	645,972
三重県	19	14	2	609,816
大阪府	20	7	6	360,708
計	690	402	109	18,085,968

「世界日報」2023年1月25日付より

たいものである。

政党機関紙の公費購入は改善できる

さて、その後の県庁における赤旗の公的購読部数はどうなっただろうか。このことを世界日報が追跡取材して、2023年1月25日付で報じているので、紹介しよう。

世界日報は、「15都道府県公費での『赤旗』購読数と料金」(2022年度)と「和歌山県庁での政党機関紙購読数」の二つの表を入手。それによると、日刊紙で最も多かったのは和歌山県で、続いて富山県、埼玉県。和歌山県のケースでは、18年度から変わらず毎年73部だが、富山は約1割減ったものの依然として多い。

和歌山県庁内では、「赤旗」よりも自民党機関紙「自由民主」(84部)、公明党機関紙「公明新聞」(78部)、社民党機関紙「社会新報」(78部)の方が多いが、年間購読費では4紙総計の約609万円の半額以上の約306万円を赤旗購読に費やしていることが判明したという。

なかなか機関紙の減少が見えなかった和歌山県だが、2023年度を迎えて大きく動いた。

千葉県庁

「赤旗」（日刊紙）73部、「公明新聞」78部、「自由民主」84部がそれぞれ22部に減ったのだ。一気に４分の１ほどに減り、最も金額の高い赤旗の場合、年間約２１４万円の予算削減を実現した。県は見直しの背景として、「情報収集に必要な購読部数について、再検討を行った」と説明しているが、全国の各都道府県での購読部数の動向を考慮したことは明らかだ。

千葉県は２０１８年度に赤旗１２０部を購読するなど、ダントツの購読部数だったが、自民党の中村実県議が議会で追及。そのため、２０２２年には日刊紙31部、日曜版13部にまで減少。さらに中村県議の質問が続き、２０２３年は、日刊紙25部、日曜版11部にまで減紙となった。共産党機関紙99部購読していた埼玉県でも議会で質問が出て、２０１８年には59部に減少。「社会新報」も49部が０部に、「公明新聞」も77部が56部に減った。

永年の慣習を見直し、税金の無駄使いをなくそうという良識と決断を、知事や幹部職員、議員が持てば改善できないことはない。埼玉県や富山県なども続いてもらいたい。

第6章　地方議会での改善と攻防の足跡

鎌倉市、全国の自治体で初めて「赤旗」販売禁止に

「おかしいところは『おかしいよ』と言わないといけない」

こう言って、共産党議員のパワハラ（パワーハラスメント）による赤旗の勧誘・配布を鎌倉市議会で追及したのが上畠寛弘氏である（現在は神戸市議）。日本マクドナルドの人事部から鎌倉市議に転身した上畠氏は、2013年9月と12月の市議会で、松尾崇《たかし》・鎌倉市長に次のように迫った。

「そこらの町のおばちゃん、おじちゃんが買ってくれと言っているんじゃないですよ、（共産党）市議会議員という立場の人が、これ（赤旗）読んでくれよと、それが自由だとか本人の意思だとか、それでいいんですか。市長はそれを適当だと思っていますか」（9月定例会）

「これはれっきとしたパワーハラスメントだと思います。これ（共産党市議のパワハラ）に悩んで、圧力に屈している職員がいる。こんなのを民間で放置していたら、すぐに使用者責任が問われてしまう問題です」（同）

上畠氏は「特定の思想や政党を弾圧したいわけではない」と断りながら、「職場において責任ある市議会議員という立場が職員の方に対して（赤旗の勧誘を）行うということは、

鎌倉市役所

明らかにパワハラ」だと再三強調した。
12月の定例会でも上畠氏から再度質問された松尾市長は、ついに「禁止を検討したい」と明言。「これにより鎌倉市は全国の自治体で初めて赤旗を販売することが制限されることになった」（『月刊日本』２０１４年4月号　上畠寛弘氏「赤化する古都　鎌倉市から日本を正常化」より）
「革新市政」として知られた鎌倉市は、かつて「退職金が日本一」だったという（平職員で３０００万円、係長で４０００万円超え。なかには５０００万円を超える職員も）。
産経新聞の報道（２０１４年4月5日配信）によると、「（鎌倉市庁舎内では）共産党市議らが係長級以上の市職員に赤旗の購読を勧誘する状況が30年以上にわたって続いていた。鎌倉市職員の労働組合は共産系労組の自治労連に加盟しており、約５００部が配布されていたという」。上畠氏も指摘しているが、「(市役所の)職員の机を見渡せば、赤旗がいたるところに置いてある」状況で、「赤旗問題」はまさに「鎌倉市のタブー」だった。

そんな「赤化する古都」を正常化させるため、おかしいことに「おかしい」と声を上げ、「タブー」を打ち破った上畠氏。『月刊日本』(2014年4月号)で上畠氏は、当時のことをこう明かす。

「松尾市長が『赤旗購読禁止』を答弁した際の質問では、あくまでも主義主張、思想には触れず、自由意思の担保のない議員による勧誘を放置すれば労務リスクになる、庁舎内での政党機関紙の勧誘は政治活動であり不適切であると、市長の専決事項の範囲内で追及することが功を奏したようだ」

(上畠市議へのインタビューは153ページを参照)

伊丹市、「庁舎内で公然と行われる不思議な光景」

鎌倉市で赤旗が販売禁止になって以降、全国各地の議会で同様の一般質問が行われていく。

2014年6月、兵庫県伊丹市議会の定例会で、自民党の佐藤良憲《よしのり》市議(現在は兵庫県議)は、

「議員になってから庁舎内で公然と行われる不思議な光景を以前から調査していた」と明かす。庁舎内を3年間歩き回ったという佐藤氏は、「1階から7階まで各執務室において『しんぶん赤旗』が机にあるのが散見され、（中略）本市においては、管理職以上の職員で購読されていない方にお会いするのが難しい」と語った。

さらに、「本市管理職職員の315名のうち30名以上の方が購読しているのは御本人にお聞きし、（中略）さらにもう少し簡素な聞き取りを含めると、実数は倍以上に」もなると。市民からは「伊丹市は共産党員が多いのか」と、苦情めいた意見も寄せられたという。

佐藤氏の質問を受けた市の総務部長は、複数の職員に尋ねた上で、「多くの職員が副主幹昇任時に議員から政党機関紙の購読の勧誘を受けた」こと、市庁舎内で赤旗の購読の勧誘が行われていたことが「事実である」と認めた。

佐藤氏は、赤旗を市庁舎内で勧誘・配付・集金等を黙認することは、事実上特定政党の政治活動を支援し、結果として政治献金を行っている側面が否めない、と追及。総務部長は、「厳格に対応してまいりたい」と答弁。佐藤議員によれば、その後、庁舎内での物品販売が禁止になり、新規の勧誘等がなくなった。それまで共産党事務員が行っていた配達や集金が禁止され、今は共産党の議員が執務室外で集金を行っているという。

川崎市のアンケート調査をめぐって

庁舎内での赤旗の勧誘をめぐっては、２０００年代に入って間もない２００２年、神奈川県川崎市議会でも問題視された。市議から「市役所内で主査以上の職員に対して、職員が昇格すると、共産党の市会議員が赤旗の購読を直接に働きかけている」と問い質された阿部孝夫市長（当時）は次のように回答した。

「市の職員が個人の思想、信条に基づいて自発的に機関紙を購読しているということならばともかく、議員の地位にある者が市職員に対して勧誘の圧力をかけて、市職員が断り切れないということで購読しているということであれば、極めて重大な問題でございますので、きちんと調査をした上で適正な対応を行ってまいりたい」

翌２００３年2月の市議会定例会でも阿部市長は、「議員による政党機関紙の購読勧誘が行われて、職員がそれを圧力と感じて購読している実態があるとすれば、これは大変重大な問題であると考えておりまして、その実態を把握すべく……公務の中立性、公平性の

政党機関紙購読に関するアンケート調査（川崎市）

調査票配布件数　3,687件
調査票回収件数　2,903件（回収率　78.7％）

問１　本市の市議会議員から政党機関紙の購読の勧誘を受けたことがありますか？

ある	1,154件（39.8％）
ない	1,715件（59.8％）
無回答	34件（ 1.1％）

問２　問１で「ある」と答えた方にお聞きします。
市議会議員から購読の勧誘を受けたとき、購読しなければならないというような圧力を感じたことがありますか？

ある	891件（77.2％）
ない	255件（22.1％）

問３　問２で「ある」と答えた方にお聞きします。
その政党機関紙を購読しましたか？

購読した	587件（65.9％）
講読を断った	320件（35.9％）

問４　問３で「購読を断った」と答えた方にお聞きします。
購読を断ったが、その後も引き続き購読の勧誘を受けたことがありますか？

ある	139件（43.4％）
ない	181件（56.6％）

問５　問２で「ある」と答えた方にお聞きします。
その時の職位についてお聞きします。（複数回答可）

係長級	548件	部長級	56件
副主幹	253件	局長級	7件
課長級	256件		

※重複回答及び無回答があるため、各設問の割合の合計は100％にならない。

観点から、3月中には調査を実施してまいりたい」と誓った。実際に3月、指定主査以上の全職員を対象に、政党機関紙購読に関するアンケート調査が実施された。その調査結果をここに紹介する。

3687人の職員に調査票を配り、そのうちの78％が回答を寄せた。このアンケート結果から、政党機関紙の購読の勧誘を受けたと回答したのは40％。そのうちの77％が勧誘の圧力を感じ、実にそのうちの66％が購読したのである。

この調査実施に対して、市の職員6人が「憲法違反の思想調査だ」と市を提訴した。一審判決（2009年）では、「市職員が任意に政党機関紙を購読して各種の情報を入手し、それを職務に活かすことは最大限に尊重されるべきであって、いかなるものであってもこれを制約することが許されないことは当然」との判断も見られた。ただ、一審、二審（2011年）とも「調査は適法」と、原告側の損害賠償請求は棄却された（原告側職員は「実質勝利」として、上告せず）。

前述の上畠氏も指摘しているが、「特定の新聞を根拠なく読むのを止めようと言ったのでは、共産党からすれば、特定の政党を攻撃したもので、弾圧だと付け入る隙を与えてしまう」。職員に対するアンケート調査は注意深く、丁寧な手続きが求められよう。

各地での実態調査の結果

２０１４年5月、福岡県行橋市の小坪慎也市議が、赤旗の実態調査を求める陳情書を全国に郵送した。小坪氏は6月の定例会で、「問題の本質は、共産党に所属する議員、元議員という立場の強い者が職務時間中の市職員に対し、赤旗の勧誘を行っている点」だと指摘した（小坪氏の議会での取り組みの詳細は第4章に掲載）。

小坪氏の実態調査に触発された自治体の一つが青森県大鰐《おおわに》町だ。大鰐町は町議会で小坪氏の実態調査を求める陳情を採択し、同年8月に全職員宛てにアンケート調査を実施した。調査結果は１３６ページの通り。

調査結果を踏まえて大鰐町は「政党等機関紙の購読は、あくまでも職員自らの自由な意思で判断すべきものであると考えている。勧誘する側と職員が、お互いに信頼と緊張感を持った中で、町民の信頼を得られるよう努力していくことを切望している。町としては、この

○政党等機関紙の購読勧誘に関する調査結果

調査実施通知日 平成26年7月9日　アンケート用紙回収期限 同8月7日

調査対象職員　　　141人

調査票回答職員数　47人（回答率　33.3%）

問１　本町の議会議員から政党等機関紙の購読の勧誘を受けたことがありますか？

1	ある	16件（34.0%）
2	ない	31件（66.0%）
3	無回答	0件（0.0%）

問２　問１で「ある」と答えた方にお聞きします。
町議会議員から購読の勧誘を受けたとき、購読しなければならないというような圧力を感じたことがありますか？

1	ある	8件（50.0%）
2	ない	6件（37.5%）
3	無回答	2件（12.5%）

問３　問２で「ある」と答えた方にお聞きします。
その政党機関紙を購読しましたか？　（重複回答あり）

1	購読した	7件（87.5%）
2	購読を断った	2件（25.0%）
3	無回答	0件（ 0.0%）

※問2が「ある」以外の者の購読　2件

問４　問３で「購読を断った」と答えた方にお聞きします。
購読を断ったが、その後も引き続き購読の勧誘を受けたことがありますか？

1	ある	0件（0.0%）
2	ない	1件（50.0%）
3	無回答	1件（50.0%）

問５　問２で「ある」と答えた方にお聞きします。
その時の職位についてお聞きします。（複数回答可）

1	課長級	6件（75.0%）
2	課長補佐級	1件（12.5%）
3	係長級	1件（12.5%）
4	その他（無回答含む）	1件（12.5%）

（重複回答及び無回答があるため、各設問中の割合の合計は100%にならない）

調査結果を真摯に受け止め、政党等機関紙の購読勧誘の在り方等について、今度検討していきたいと考えている」とした。

2017年12月、兵庫県加古郡稲美町議会の定例会議では、木村圭二氏が独自の調査結果を明らかにした。部長、課長に限ったこの調査では、「29人中23人が（赤旗を）購読」していた。実に購読率79・3％という驚異的な数字である。

ところが木村氏いわく、「自ら進んで購読をしている人はいません」。木村氏は「（共産党町議が）職員の内心の自由を侵しているのではないのか。断りたいけど断れない、これは職員の内心の自由を侵していることになる」と、議会に毅然とした対応を求めた。さらに同氏は「今、共産党に関係する団体でも（赤旗を）読まないんですよ、2か月、3か月という短い期間しか。職員の皆さんが一番安定した購読の収入源になっているんです。一番安定しているんです。やめないですから、1回とったら」と、共産党側の魂胆をズバリ指摘している。

共産党の大路《おおじ》恒《ひさし》氏は産経新聞の取材に対し、「従来の共産党議員のやり方を尊重し、踏襲しただけだ」と、市の許可を得ずに赤旗を勧誘した事実を認めている（産経ニュース2017年12月19日配信）。翌年3月の定例会議でも木村氏が指摘しているが、共産党は「赤旗の配達や集金というのは政治活動だと、我々は政治活動でやっているんだ」と、決まってこう反論するのである。そうであるならば、「政党その他の政治的団体の機関紙たる新聞その他の刊行物を発行し編集し配布し、またこれらの行為を援助すること。これは、地方公務員法36条に抵触しますよということ」（木村氏）なのだ。地方公務員法第36条（政治的行為の制限）の2項には次のように明記されている。共産党議員はよく肝に銘じてもらいたい。また、共産党議員から、機関紙の購読を求められた場合、市町村の職員らもこの地方公務員法を明示して、購読を断るほどの知恵と勇気を持ってもらいたいものである。

2　職員は、特定の政党その他の政治的団体又は特定の内閣若しくは地方公共団体の執行機関を支持し、又はこれに反対する目的をもつて、あるいは公の選挙又は投票において特定の人又は事件を支持し、又はこれに反対する目的をもつて、次に掲げる政治的行為をしてはならない。（後略）

三　寄附金その他の金品の募集に関与すること。
3　何人も前二項に規定する政治的行為を行うよう職員に求め、職員をそそのかし、若しくはあおつてはならず、又は職員が前二項に規定する政治的行為をなし、若しくはなさないことに対する代償若しくは報復として、任用、職務、給与その他職員の地位に関してなんらかの利益若しくは不利益を与え、与えようと企て、若しくは約束してはならない。

2018年以降、各地で「赤旗」勧誘禁止に

全国の自治体で慣例化していた庁舎内での赤旗勧誘などをめぐり、禁止に踏み切る自治体が増えていったのが2018年以降だろう。

第3章の最後でも触れたが、神奈川県藤沢市議会は同年3月に総務常任委員会を開き、市庁舎内で赤旗を含む政党機関紙の購読勧誘・配達・集金を行わないよう求める陳情を、賛成多数で趣旨了承とした。公明党の市議の独自調査によると、共産党の市議らが「昇進

おめでとうございます。つきましては赤旗を購読していただけませんか」などと勧誘。管理職に昇進した市職員を中心に、約500人の管理職の7~8割が赤旗を購読していると明らかにした。翌月、藤沢市は副市長名で通達を出し、執務室内への職員以外の立ち入りを原則禁止に。加えて、執務室内と執務時間内での機関紙受け取りや購読料支払いも禁止にした。

東京都狛江市議会の総務文教委員会でも同年6月、市庁舎内での赤旗の購読勧誘などが問題視され、審議された。市の総務部長は、「(市の)政治的中立が疑われかねないので、庁舎内での勧誘、配布、集金は原則禁止しなければならないと考えている」と述べ、職員らに徹底させると明言した。

東京都町田市では2019年11月、庁舎内で赤旗を含む政党機関紙を購入することを自粛するよう求める通達を全職員に出した。町田市では2014年度以降、3回も同様の通達を出していた。にもかかわらず、共産党市議が庁舎内での赤旗配布、集金などを繰り返していたのだから悪質極まりない。

2020年11月、滋賀県近江八幡市は、市の全職員に庁舎内での個人的な物品の購入は控えるよう通達。職員が執務時間中に庁舎内で政党機関紙の集金などに応じる行為は、地方公務員法上の職務専念義務違反に当たる恐れがあると判断したためだ。産経新聞の取材に共産党の檜山秋彦市議（当時）は、「庁舎内で集金をしていたのは確かだ。30年以上は続いたと思う」と述べている。

同じく滋賀県の甲賀市では２０２０年12月、赤旗の勧誘や集金をめぐって、岩永裕貴《いわながひろき》市長が共産党市議側の許可申請を「不許可」とする通知を出した。「庁舎の秩序維持に支障をきたすと判断した」という。この通知により、庁舎内での勧誘などが職務時間を問わず、全面的に禁止された。

「義を見てせざるは勇なきなり」

２０１９年12月、西東京市議会の第４回定例会での自民党の浜中義豊《のりかた》市議（現在は東京都議）の訴えを、共産党を除く全ての地方議員は肝に銘じるべきだろう。西東京市では約90人の管理職に対し、「その大半が（赤旗を）購読している」という話も漏れ伝わって」いた。浜中市議に「退職した職員から、ぜひこの点（パワハラ）を改めてほしいという要望があった」という。

「（同年）６月にその内容を疑問に思う陳情が市民から出された後も、残念ながら勧誘、配達、集金が続いているのを聞くに及び、義を見てせざるは勇なきなりという気持ちになりました。お世話になっている先輩議員たちのことを公の議場で指摘することは非常に勇気が要りますし、共産党という巨大組織に立ち向かうには相当な覚悟がいります。多くの方に私はとめられましたが、それでも私は政治家の責任として、だめなものはだめだとはっきり言いたい」

「我が自由民主党と共産党はよきライバルでありますから、正々堂々政策論争をすることを望みます。この質問は共産党の皆さんにとっては非常に不快かもしれませんが、自らの良心にしっかり問いかけて、日頃からおっしゃっている弱者の気持ちを酌んでいただければと切に願います」

丸山浩一市長（当時）は「職員の政治的中立性について、市民から誤解を生じさせているならば、現状を改める必要がある」と、対応を約束した。

東京都庁

「革新都政」下での「異常な事態」

今から50年以上前の東京都は、「革新都政」として知られた美濃部亮吉知事の時代（３期12年）だった。当時の都庁と赤旗をめぐる状況について、２０２３年２月に出版された福田博幸《ひろゆき》氏の『日本の赤い霧　極左労働組合の日本破壊工作』（清談社Publico、２０２３年）にも言及されている。

「美濃部都政下で日本共産党は都庁職員に機関紙『赤旗』の定期購読や日本共産党出版物の購入を強要しました」

「（都庁）職員の側は、『日本共産党ににらまれて出世を邪魔されてはかなわない』『たてついて飛ばされてもつまらない』『議会で意地の悪い質問をされては困る』などの理由から、日本共産党に対する〝保険〟のつもりで党とつきあい、『赤旗』の購読を始めました」と、その購読理由は昔も今も変わらない。さらに、「美濃部都政時代には、都庁および二十三区の管理職のじつに九割以上と、一般職員の約二割が『赤旗』を購読するという、きわめて異常な事態になっていたのです。具体的な数字で示すと、東京都庁関係者だけで、日刊紙『赤旗』は八千部、日曜版『赤旗』は二万二千部の購読数」というから驚きである。

福田氏がいうように、「まさに、東京都が日本共産党に乗っ取られたかのような状況」だったのだ。実際、1967年から1977年までの10年間で、都の借金は14倍にも膨らんだという。

当時の状況と現在を比較すれば、隔世の感を覚えるに違いない。しかし、いまだに全国各地の自治体では、共産党議員による赤旗の押し売りに苦しんでいる職員は決して少なくない。2023年に入ってもまた各地で動きがあった（詳細は第7章を参照）。昭和・平成・令和と、半世紀にも及ぶ「赤旗問題」という悪習を決して放置したままでいけない。もし問題があるならば、本章で紹介した各自治体の動向や対応を参考に、ぜひとも是正に動いてほしい。

金沢市議会、４年の歳月かけて事態を改善

２０１５年９月11日の金沢市議会。坂本泰広《やすひろ》市議は、山野之義《ゆきよし》・金沢市長（当時）にこう迫った。

「市長としては、現場の声を聞くためにも、市役所における政党機関紙の購読者数を調査、把握するべきであるというふうに私は思います。私が市役所の職員にお聞きした範囲では、主に課長級以上の方に対して勧誘があるとのことでした。今、ある政党の支持率が現在約2％だとした場合に、その調査結果が課長級以上の職員数の２％であれば何ら問題はないんですが、それを大きく超えるようであったりすれば、それは大きな問題であると思いますし、私の周りでも多くの市民の方が関心を持っていらっしゃいます。ぜひ、市長にはしっかりと時期を明示した上で調査していただきたい」

だが、山野市長は「他市の実例、判例等に鑑みて、今現在は調査することは考えておりません」とつれない。しかし、山野市長が何も行動を起こさなかったわけではなかった。市長の耳にも、政党機関紙の庁舎内勧誘・購読の苦情などが入っていたようだ。翌16年２月から、毎年度、市長名で議長に「政党機関紙購読の勧誘に係る配慮」を求める文書を出

し始めたのである。

坂本氏は2018年12月の議会で、政党機関紙の購読に関する独自調査の結果を公表した。係長以上の職員で無作為に選んだ100人に電話調査を実施した結果、課長級以上の職員の87％以上の購読が判明。購読者の約85％が議員からの勧誘によるもの、うち45％の人が圧力を感じ、しかもその全員が「断りにくい」と感じていたと伝えたという。

坂本氏は、調査結果を踏まえ、こう訴えた。

「本市では4月1日現在、課長級以上の職員が278名いるということです。調査で得た比率を単純に当てはめてみますと、本市では約242名が政党機関紙の購読をしていると推計されます。購読金額にすると、これも推計値ですが約1250万円にもなります。……一般市民は、何だ、市役所の幹部は真っ赤っかじゃないかと思いますよ。まだ続きます。購読者のうち約85％が議員からの勧誘によって購読をしており、さらに、そのうちのおよそ約半数、45％の人が圧力を感じ、しかもその全員が断りにくいと感じていたということがわかりました。残りの人も、慣例的なもので仕方がない、そういうお声をお聞きしました。本来、売買契約というものは双方の合意によるものであるはずですが、買いたくもないものを買わされる、つまり、これは立派な押し売りです。強制しているつもりはないし、購読するか否かは、最後は本人の意思だという声が聞こえてきそうですが、心理的な圧迫を感じ、やむを得ず買わされている、言わば泣き寝入り購読をしている職員が事実これだけいるということがはっきりしたわけです。これはとても市民の理解を得られるものではありません。搾取《さくしゅ》ですよ」

さらに、坂本氏は職員の悲痛な叫びがつづられた手紙を読み上げた。

「大学に通う子供を抱えているのに、無駄な支出が増え、いい迷惑だ。彼らが反対している家庭ごみ有料化よりも遥かにお金がかかります。家庭ごみ有料化でごみは減るが、政党機関紙はごみを増やすだけです。さらに、議員の個人名、そして複数の政党機関紙名を挙げたうえで、はっきりとパワハラだと。パワハラを受けていると書いているんです。職員に対するパワハラです」

坂本氏から「職員を守れるのはあなただけだ」と懇願された山野市長はついに、「何もしないと不作為のパワハラになる。慎重かつ毅然《きぜん》と対応したい」と答弁したのである。

ちなみに長崎県佐世保市でも、赤旗の勧誘が問題視された際、市役所元職員の70代男性

政党機関紙に関する金沢市のアンケート調査結果

問1　これまで、本市の市議会議員から庁舎内で政党機関紙の購読勧誘を受けたことがありますか？
ある　217件（40.4%）　ない　314件（58.5%）
無回答　6件　（1.1%）

問2　問1で「ある」と回答した方にお聞きします。購読勧誘を受けた際に、心理的な圧力を感じましたか？
はい　171件（78.8%）　いいえ　45件（20.7%）
無回答　1件　（0.5%）

問3　問1で「ある」と回答した方にお聞きします。購読勧誘を受けたのは、平成28年3月以降のことですか？
はい　88件（40.5%）　いいえ　121件（55.8%）
無回答　8件　（3.7%）

＊問2及び問3の括弧内の数値は、問1で「ある」と回答した217件に対する割合

は「現役の頃は『ぼろきれ』を買うつもりで勧誘を承諾していた。平職員も購読を勧められていた」と証言している（産経ニュース２０１５年２月６日配信）。

さて山野市長の答弁に対して、新日本婦人の会石川県本部など共産党系７団体が２月20日付で、山野市長宛てに下記の抗議文を送付した。

「市議会議員の購読勧誘に圧力を感じて購読してはいけないが、自由意志で購読するのはよい、といったことを公権力が決めて、そのどちらか、ということを問い質すのは、思

想の自由の侵害となり、これは特定の価値判断の権力による押しつけでもあります。思想の自由には沈黙の自由が含まれ、公権力が心の中を推知しようとすることは許されず、事実上の強制、心理的な強制となるものです」

この問題を追及する坂本氏に対しても社民党市議から「一線を越えちゃダメだよ」との警告も届けられた。これに対して、ツイッター（現：X）上では「共産党が完全な自由意志でというなら、圧力が感じられる庁舎内でとらせないで、かつ議員による勧誘をやめてください。本当に読みたい人が自宅購読すればいい話」「共産党は、他の自治体で同様の調査をされると全国的に『パワハラ勧誘』の悪事がばれるから、止めさせようと必死ですな」などの反論コメントも飛び交った。

政党機関紙の購読勧誘に関する市のアンケートの詳細は148ページの通り。

問3で、わざわざ「購読勧誘を受けたのは、平成28年3月以降のことですか？」と聞いているのは、山野市長が同年に庁舎内での政党機関紙の勧誘に配慮を求める依頼文を議長に提出してきたことを念頭に置き、その後の変化を見る意図もあった。調査結果は管理職の4割が勧誘を受けており、その中で「勧誘の際に心理的圧力を感じた」と答えたのは171人（78・8％）。実は8割近い人たちが、圧力を感じたと答えたのである。

坂本氏と市の両方の調査で「パワハラ勧誘」の実態が明らかになったことを踏まえて、山野市長は3月下旬、次のような「是正」文書を公表した。

政党機関紙の勧誘にかかる配慮について（依頼）

このことについて、近くは、平成30年度3月定例月議会で議論があったところであり、当時実施した課長補佐級以上の一般職員を対象としたアンケート調査では、購読勧誘を受けた者のうち、8割近くが心理的な圧力を感じたとの結果であったことはご周知のことと存じます。

もとより、政党が機関紙の購読を職員に勧誘することや、職員自らが個人の思想及び良心の自由に基づき機関紙を購読することは自由でありますが、一方で、庁舎内におけるそのような行為によって、公務の執行が中立かつ公平に行われていないのではないかという懸念を市民が抱く可能性も否定できません。

よって、市議会におかれては、政党機関紙の勧誘にかかる適正な対応についてご配慮をいただきますよう、改めて議員各位への周知方をお願い申し上げます。

これにより、職員が政党機関紙購読を断る根拠になり、既購読者の解約が進み、購読者数は大きく減ったという。坂本市議の粘り強い取り組みと、議会で「私がなにもしなければ、不作為のパワハラ」とまで述べた山野市長の強い決断が奏功し、長年の悪慣習が一つ打破された。

坂本氏は、「多くの職員から私に、異口同音に感謝の言葉をいただきました。平成27年7月1日に初めてこの問題を取り上げてから3年半の歳月を要しましたが、一つの成果が上がって嬉しく思っています」と安堵した表情で語った。「赤旗問題」を2015年の議会で坂本市議が取り上げてから4年の歳月を要したのだった。

福島県須賀川市の渡辺康平《こうへい》市議（当時、現在は福島県議会議員）は、2017年6月の定例会でこの問題を取り上げた。当時、市役所が仮設から新庁舎に移って1か月弱の時だった。渡辺市議は仮設庁舎の頃、勤務時間中にかかわらず政党機関紙の勧誘・配達・集金がなされていたが、新庁舎ではどう対応するのかと質問。

行政管理部長は「新庁舎の利用マニュアルに従い、執務エリア外や勤務時間外で行わせるなど業務に支障を来すことのないよう対応する」と明言した。

また、この時の渡辺市議の質問で、2015年9月18日以降、議員報酬から、「赤旗」日曜版の集金代行を議会事務局が行ってきたのを中止に追い込んだのである。この集金代行は共産党市議の申し出により始まったとされるが、非常識な申し出をする議員も問題だが、これを受け入れた議会事務局のセンスも大いに疑われる。渡辺市議は私にこう訴えた。

「本来、政党機関紙の配布、集金は個人宅で行われるべきであり、勧誘についても庁舎外で行われるべきです。職員が個人でどの新聞を購入したとしても、それは個人の思想信条の自由です。しかし、国民・市民の税金で建設された庁舎内で勧誘・配達・購読・集金が行われることは、たとえ勤務時間外であっても認められるものではありません。こうした古い慣習というものは改められるべきです」

埼玉県春日部市では2014年9月、井上英治《えいじ》市議（当時）がこの問題を取り上げた。市幹部は、「執務室内では（新聞を含む物品の）勧誘・配布は認めていない」と答弁し、市議らの執務室での勧誘を認めない方針を明らかにした。

ここで、共産党の影響力が強く、40年にわたって市議会で赤旗の配達・集金・勧誘が行われてきた鎌倉市において、この問題を取り挙げて画期的な改善をもたらした上畠寛弘・前鎌倉市議（現在は神戸市議）にインタビューした。

――上畠市議が２０１３年９月、12月と「赤旗問題」を質問し、市長が２０１４年４月から「禁止を検討したい」と答弁したが、その後、どのように変化しましたか。

上畠寛弘氏（以下、上畠氏）　勧誘はなくなりました。これまでに購読していた職員も継続購読を打ち切り、市役所内の職員のデスクに行っても見ることはなかったですね。

――取り組みについての評価は？

上畠氏　鎌倉市の取り組みとしては満足するものでした。全国の自治体が鎌倉方式として参考にしていただいている点もありがたい。ただ自民党本部から都道府県連に「赤旗問題」について取り組むように通知があったが、党本部としては情報収集不足もあり、通知するだけで終わっており残念。

――当時この問題で、市民から抗議の電話、ＦＡＸなどが市に届いています。

上畠氏　市や各議員それぞれに抗議があったことは、当局を動かす端緒になったと考えます。

――ほかの市議会でも同様の質問がなされながら、なかなか進展しなかった所もあるようです。鎌倉のケースが成功した理由は何だったのでしょうか。

上畠氏　やはり根回しは必要ですね。共産党を与党とする市長は少ないが、公明党を与党とする市長は多いです。市長は「赤旗を禁止することで（『公明新聞』を発刊する）公明党に迷惑がかからないか」と考えます。そこで公明党には「共産党の資金源がパワハラによる赤旗押し売り問題」の追及の意義を説いて協力を仰ぐべきです。また、政党助成金やブラック企業を批判しながら、パワハラによって金儲けをしていることは悪質だということも説かなくてはなりません。

実際、鎌倉市議会では私の質問で市長が赤旗禁止に言及した際、共産党が、公明党に「協調して販売禁止を反対しよう」と持ちかけたが、公明党の議員は私に理解をしていただき、共産党の誘いを一蹴しました。

また、共産党と同じく左派系の会派や議員も、共産党による職員への新聞押し売りはおかしいと考える方々もいるので、議員という優位的地位を利用して売りつけるのは、労働安全衛生やコンプライアンスの観点から正すべきであり、パワーハラスメントなので解決すべき課題だと説くことは重要です。くれぐれも主義主張、思想に触れず、自民党による共産党叩きではない、労働者の職場環境を健全にするためと、一貫して取り組むことが大事です。

特に私はマクドナルド人事部に勤務していた経験があり、労務管理のプロであると他の議員が見ていたので、上畠議員が労務管理上、改善すべきというのならそうだろうと考える議員は多かった。

私が「赤旗問題」を取り上げたのは、行財政改革を妨害する労組（鎌倉市の労組は共産系）と共産党を排除することが行革の近道だったからです。おかげさまで、違法な給与の支払いも是正され、再任用されていた労組委員長も退職し、市役所に40年あった労組の事務所や労組掲示板は撤去され、保育施設がつくられることになりました。

第7章　全国で陳情活動活発化の機運

「大企業の横暴を許さず、労働者一人ひとりの権利をまもる立場です。ブラック企業対策をはじめ、社会保障制度改悪を許さないたたかいに力を入れています」(「共産党のキホンのキホン」より)

日本共産党は公式の場面で、このように「はたらく人の味方」を宣言している。「しんぶん赤旗」2023年1月5日付の主張においても、「平和・人権尊重の社会を築こう」と高らかに呼びかけている。その言葉は美しい。だが、共産党は働く人々の人権を守るどころか蹂躙《じゅうりん》していると言わざるを得ない。その象徴的な出来事が、庁舎における「赤旗」勧誘・配達・集金問題だ。共産党は、この問題が議会で問題視されると、「これは憲法が保障する政治活動の一環である」と言い張り、全く改めようとはしない。公務員は嫌々ながら購読をしているケースが圧倒的に多い。職員アンケートがそれを雄弁に物語っている。読みたくない新聞を、読まされるというだけで苦痛だ。それどころか、お金まで払わされて購読を強いられるというのはパワハラ以外の何物でもない。

しかし、普段人権問題を是正することが重大な使命であるはずの多くのメディアが、真正面からこの問題を取り上げようとはしない。メディアの側が、共産党を敵に回すことにためらいを感じているからだろうか。さらに、議員がこの問題に関連して、波風が立つことを敬遠し、共産党に忖度《そんたく》してしまえば、事態の改善は見込めない。そうした空気が、共産党による庁舎内「赤旗」勧誘・配達・集金問題が長年放置されてきた原因でないか、と私は見ている。

そのような中で、ひとり気を吐いてこの問題を精力的に取材し、紙面を割いてきたのが「世界日報」だ。２０２３年は、全国各地で「赤旗」購読問題の陳情が相次いだこともあり、世界日報の報道の量も一気に増えた。その概要を読者にお伝えすることは大いに意義のあることだろう。

２０２３年、全国において庁舎内の政党機関紙勧誘の自粛等を求めた陳情の採択が実に35自治体にのぼった。これまでの採択は散発的なものだったが、昨年の各議会における取り組みの姿勢は明らかに変化があった。もちろん、それは歓迎すべき変化である。

昨年、採択された自治体のリストは以下の通りだ。

北海道　千歳市（３月）、釧路市（９月）

岩手県　滝沢市（6月）
秋田県　上小阿仁村（3月）、北秋田市（3月）、湯沢市（3月）、八郎潟町（3月）、
　湯上市（6月）
山形県　寒河江市（3月）
福島県　北塩原村（3月）
埼玉県　加須市（12月）
東京都　調布市（3月）、武蔵村山市（3月）、清瀬市（3月）、稲城市（3月）
神奈川県　南足柄市（6月）、綾瀬市（6月）、厚木市（9月）、大和市（9月）、
　伊勢原市（9月）、海老名市（9月）、座間市（9月）、寒川町（9月）、
　清川村（9月）、逗子市（12月）、愛川町（12月）
長野県　岡谷市（9月）
岐阜県　中津川市（3月）
愛知県　高浜市（3月）、幸田町（3月）、豊明市（12月）、安城市（12月）、津島市（12月）
兵庫県　高砂市（3月）

鹿児島県　霧島市（12月）

さて、議事録や録画映像、世界日報の報道などで印象的なものを紹介したい。この年の陳情の特徴の一つに、パワハラ防止の視点が加わったことだ。

岐阜県中津川市議会への陳情の中にも、「市議会議員は、議員としての優越的立場を利用して、市職員等に政党機関紙の購読を強制しないようにする」「市議会議員が市職員に対し、政党機関紙の購読を求める行為は、パワー・ハラスメントに該当する可能性が高いため、そのような行為をしないよう市議会議員に対し周知徹底すると共に、その防止、対応の為、例えば庁舎内に相談窓口を開いて、個々の職員の職務に支障がないように適切な処置を講じる」と記されている。

山形県寒河江市では、次のような賛成意見が出た。

「陳情を見ると、職員へのパワハラに当たる可能性のある内容であった。職員が嫌がるのであれば、やめた方が良いと考え、20人ぐらいに聞いてみたところ、9割の方が、『やめてほしい』『できれば、やめてほしい』。あとの1割の方は『どちらでもない』であった。当事者である職員の方が嫌がっているのなら、やめた方がいいと思われるので、陳情内容は妥当である、と判断する」

千葉県長生《ちょうせい》村では2023年6月から7月にかけて、議員から職員へのハラスメントアンケート調査が実施されたが、その中に、職員が受けているハラスメント行為の上位4番目に「政党機関紙の勧誘、購読の強要」が挙げられた。その被害数は、「食事・酒を強要される」「過剰な資料要求」等の2倍もあったというのだ。さらに、そのハラスメントを、職員は「誰にも相談できなかった」と答えている。

愛知県あま市で2023年1月、市議会議員による市職員に対するパワーハラスメント等の状況を把握することを目的に実施された522人の職員対象のアンケート調査。そこでは、政党名や政党機関紙の名前は伏せて、「●」と表記されているが、前後の文脈などから、共産党及び同機関紙であることが推測されるという。そこには、職員が「●●新聞の購読は表向きは強要されていないが、購入しないと議会対応等の影響が予想され、実質購読を強制されている」「日曜版のみならず、日刊までも購読させられている」「購読しないと一般質問するぞと脅されていた」と赤裸々な体験を書いていた。これでは、評判の悪かった新聞購読押し売りのやり方よりもひどいではないか。

「政党機関紙の庁舎内勧誘行為の自粛を求める愛知県民の会」（高木健吉代表）が2024年1月、勧誘の実態調査を求める要望書をあま市に送付。その後、関係者とのやり取りをする中で、このアンケート結果が判明したという。事態の改善の必要性を痛感した同市総務課は「定期購読を一旦白紙とし、改めて希望する職員については個々で申し込むことを販売者に伝える措置をとった」旨の回答をした（「世界日報」2024年3月16日）。

高木代表は、愛知県内の22の自治体に、赤旗に関する自粛を求める陳情を提出し、うち津島市、あま市、長久手市の三つの自治体で是正の方針が出たという。一朝一夕では変わることはない。「確かに壁は厚いですが、多くの人がこのままで良いのか、実態はどうなっているのかと事実究明を継続的に取り組むことが大切と思います」と高木代表は語る。

北秋田市では、陳情者が共産主義に反対する旧統一教会（世界平和統一家庭連合）、勝共連合関係者であるとして、「統一教会が共産党に反対して出されたのが本音ではないか。赤旗は統一教会の反社会性・危険性を暴いてきた。それが憎いがために、陳情を出してきたことは容易に想像される。庁舎内で、政治活動をすることは憲法で認められている」との反対意見が出た。

これに対して、「誰が出したか、ということではなく、あくまでも内容を精査した結果、政治的中立性や、心理的圧力がかかっているのではないかと市民から疑われるような、庁舎内の勧誘をすべきではない。自粛するよう求める陳情であり、採択すべきである」。

こうした正論が各議会で展開され、採択が続出したのである。

栃木県宇都宮市議会では今年3月22日、「政党機関紙の庁舎内勧誘行為の実態調査を求める陳情」が採択されたが、その際に共産党の福田久美子市議は反対討論で、特定の団体名を挙げ、反社会的な団体の思惑に加担しかねない、などと陳情とは無関係の発言を行った。これが議会で問題となり、同月26日、12人で構成される懲罰特別委員会を設置、閉会中に審議して処罰内容を検討することになった。見識ある議会の判断である。

各地の自治体でアンケート調査

北海道千歳市議会の山崎昌則《やまさきまさのり》議長（当時）は、陳情を出した「北海道を明るくする会」代表の女澤信行氏宛てに結果を通知。そこで、採択理由を次のように述べている。

「政党機関紙の購読については、個人の自由であり制限されるべきものでないが、本陳情書の提出を受け、今般、本市の管理職を対象に行ったアンケート調査においては、市議会議員から政党機関紙購読の勧誘を受けたことがあると答えた職員は55％、そのうち勧誘に何らかの圧力を感じたと答えた職員は71％に上った。

市庁舎においては、公務の適正かつ円滑な執行を確保するため、政治的な中立性を疑われる行為は厳に慎み、住民からの誤解を招きかねない行動には細心の注意を払ってその秩序を維持しなければならない。

このことから、本議会においては、政党機関紙購読への勧誘が多く発生すると想定される4月の人事異動を前に、本陳情を採択するべきものであると決定した」

議長の指摘にあるように、共産党議員は3月下旬の人事発令を受けて、昇進した管理職の職員を相手に熱心な勧誘を行う。それゆえ、「勧誘が多く発生すると想定される4月の人事異動を前に、本陳情を採択するべきものであると決定した」との一文に、断固たる決意が伝わってくる。大変、勇気と良識のある判断と言えよう。

千歳市が3月7日から15日まで課長、次長、部長職１４０人（市民病院は事務局配属職員のみ）にアンケート調査を実施し、１２０人から回答を得ている。回答率は85・7％。

「本市市議会議員から政党機関紙の購読の勧誘を受けたことがありますか？」との質問に対し「ある」と回答したのが66人。半数以上の幹部職員が勧誘を受けたこととなる。続いて「ある」と答えた職員に対し、「市議会議員から購読の勧誘を受けたとき、購読しなければならないというような圧力を感じたことがありますか？」との質問で、「ある」と答えたのが47人。71・2％が「圧力」を感じている。

こうした管理職の苦悩が、前述の強い表現につながったと理解できるのである。

3月10日、愛知県高浜市で開催された総務建設委員会で、陳情者が約5分間、意見陳述をした。この中で陳情者が、共産党は「敵の出方論」に立った暴力革命の方針に変わりはないと岸田文雄首相が答弁したことに言及。そのため共産党議員からは「非常に問題の意見だ」と不満を露わにした。しかし、市の職員OBで現職の市議が「必ず管理職、副主幹とかリーダーになると購読勧誘などの話があり、圧力を感じていた」と自らの体験を正直に語った。

東京都調布市の総務委員会でも3月16日、共産党議員が「陳情には調布市の具体的事例の言及はない」として反対を表明。しかし、市の元職員で公明党の現職市議が、「本陳情は調布市役所内でも現実行われている事実である」と反論。さらに、「私が議員になる前、市役所の管理職になる内示を受けたその日に、今は現職ではないがこの政党（共産党のこと）の議員さんからおめでとう（と言われ）、その次には赤旗購読の勧誘をされた。私は、管理職の机上にこの新聞が配布されている事実も見てきた。職場の中に入ってきて、集金をする、金銭のやり取りという現実がこの調布市役所でも行われている」と赤裸々に語った。

兵庫県高砂市では3月9日から15日にかけて、管理職全員の163人に対して政党機関紙購読のアンケート調査を行った。その結果、赤旗を32人が購読勧誘され、その半数が「圧力」を感じたと回答。強引な機関紙勧誘の実態が明らかになったのである。

これを受けて3月27日の本会議では、「庁舎内における職員への政党機関紙の勧誘・配達・集金を自粛するよう求める陳情」が18対1で採択されたのであった。

3月議会以降も、動きは留まることがなかった。その後、政党機関紙勧誘について職員アンケートを実施した主な自治体のデータを記す。

神奈川県足柄市（２０２３年６月）　※陳情審査のため調査を実施（採択）
対象：管理職員49人　回答43人（回答率87・８％）
結果：同市市議会議員から勧誘され購読し、庁舎内で集金・配達に応じていると、16人（４割）が回答。
　市議から勧誘された際、３割（８人）の職員が心理的圧力を感じている。

兵庫県高砂市（２０２３年３月）　※陳情審査のため調査を実施（採択）
対象：管理職１６３人　回答１３２人（回答率81・０％）
結果：同市市議会議員から購読の勧誘を受けたことがあると、32人が回答。
　市議の勧誘時に、５割（16人）の職員が圧力を感じている。

少し前の調査だが、千葉県千葉市では２０２０年10月にアンケート調査を実施している。
対象：管理職８８５人　回答７４５人（回答率84・２％）
結果：同市市議会議員から購読勧誘を受けたことがあると、５４６人（73・３％）が回答。

勧誘時に、7割（377人）の職員が心理的な圧力を感じている、と答えている。

県庁でも劇的な購読部数の削減

こうした市町村レベルでの動きは、地元民の陳情が軸となって推進されたものだが、一方、県庁レベルでも心ある議員らがこの問題に自主的に取り組んで、劇的な変化が表れてきたのである。

埼玉県は2017年度、「赤旗」日刊紙・日曜版合わせて、99部だったものが、令和5年度は53部に減少。千葉県は2017年115部、翌2018年度には、120部を購読していたが、中村実県議（自民）が不偏不党である

3県の政党機関紙購読部数の推移

県名	機関紙名	令和4年度	令和5年度
和歌山県	赤旗（日刊）	73	22
	日曜版	0	0
	公明新聞	78	22
	自由民主	84	22
千葉県	赤旗（日刊）	31	25
	日曜版	13	11
	公明新聞	24	23
	自由民主	1	1
埼玉県	赤旗（日刊）	46	46
	日曜版	6	7
	公明新聞	51	50
	自由民主	3	4

「世界日報」2023年6月2日付より

べき県庁において、「特定政党の活動を公費で支援するようなことは間違っている」と追及。2022年、日刊紙31部、日曜版13部の計44部と約3分の1にまで激減した。

しかし、同県議は追及の手を緩めなかった。2023年2月27日開催の予算委員会で、2023年度の各部局、課の購読予定数を、議会事務局を通じて調査し、38部と判明した。「およそ理解が得られない理由で購読を予定している課がある」として、総務部の資産経営課、総合企画部の空港地域共生課、交通計画課、健康福祉部の障害者福祉推進課、保険指導課、衛生指導課、商工労働部の産業振興課、農林水産部の団体指導課、畜産課、水産課、県土整備部の住宅課を列挙し、「最低限、この11課の購読は理解されない」などと迫った。その結果、農林水産部だけで日刊紙4部、日曜版1部減らすなどして、2023年はそれぞれ25部、11部に減紙した。

和歌山県は2017年の調査の時、日刊紙「赤旗」が73部だった。これが2023年には、22部と3分の1以下に減紙したのである。

世界日報（2023年6月2日付）によれば、和歌山県の同年の政党機関紙部数は、「赤旗」（日刊紙）22部、「公明新聞」22部、「自由民主」22部、社民党機関紙「社会新報」22部。

２０２２年度はそれぞれ73部、78部、84部、78部だった。４紙の購読費の合計金額は、前年から約４３３万円削減されたことになる。特に、赤旗だけで、約２１４万円カットされた。和歌山県広報課はこの措置について、「県全体として情報収集に必要な購読部数について、再検討を行ったため」と指摘。部数が横並びの22部になっていることについては「各部主管課、各振興局、各種委員会・事務局ごとに、各紙とも1部必要となったため」と回答している。

過去、20年、30年という長き期間、「慣習」として誰も不思議に思わず、惰性で購読してきた（そして、どれだけ熱心に読まれてきたかも不明な）あり方を見直そうと考え、そして見直しに踏み切ったのである。画期的な出来事だ。

減少一辺倒の「赤旗」の部数

全国各地で、庁舎内での政党機関紙の勧誘・配達・集金問題の陳情が通過する一方、共産党の退潮は顕著となった。２０２３年の統一地方選では道府県議選で24議席減、東京都区議選は13議席減、政令市議選で22議席減、一般市議選で55議席減、町村議選で23議席減と惨憺《さんたん》たる結果に終わった。

共産党はその総括で、党員数と赤旗の部数に言及。「4年前に比較して91％の党員、87％の日刊紙読者、85％の日曜版読者」で今回の選挙を戦ったという。

4年前の2019年当時は、日刊紙20万、日曜版80万と見られていたため、2023年春は日刊紙17・4万、日曜版68万。つまり赤旗は日刊紙・日曜版合わせて100万部から85・4万部と、4年間で14・6万部減少したのである。党員数も約25万人に後退した。

特に、赤旗の部数減少は目を覆わんばかりだ。

党本部は「赤旗拡大」を叫んでいるが、一向に部数が増えない。それどころか、減少一辺倒といってよい。

共産党が公表したデータをもとに部数の動向を見ていこう。

2023年1月から12月にかけて、日刊紙が増紙になった月は2月203部、7月40部、11月265部、12月893部。日曜版のほうは、2月2369部、7月247部、11月187部、12月2231部だ。これに対して、減紙のほうは数字の桁が違うのだ。例えば、3月日刊紙1197部減、日曜版8206部減、4月日刊紙4548部減、日曜版2万3

104部減、5月日刊紙945部減、日曜版7048部減という数字だ。

すでに指摘したが、共産党は毎年3月末の人事異動に焦点を当てて、昇進した職員に対して「おめでとう作戦」で機関紙の勧誘を迫る。ところが昨年は選挙があったためか、勧誘自粛の陳情の動きが全国であったためか、増紙に転じる最大のチャンスである春の時期に大幅な減紙となっているのだ。

そのため昨年1年で日刊紙7600部減、日曜版4万3296部減という無残な「負け」の結果で終わっている。

合計5万部の部数が毎年減少するとなれば、85万部の赤旗は十数年後には、消滅してしまう計算だ。

毎年、恒例行事のようにして、党幹部が部数減少に危機感を鳴らす記事が掲載されるが、2024年3月18日付で大幡基夫・機関紙活動局長、岩井鐵也・財務・業務委員会責任者の連名による「3月大幅後退の危機。日刊・日曜版の発行守るため大奮闘を心から訴えます」という記事は、例年にも増して深刻なトーンに包まれている。

記事の冒頭で、「赤旗」日刊紙・日曜版とも、「今月（3月）大幅後退の危険にあり、発

2023年の「赤旗」日刊紙・日曜版・電子版の増減

	日刊紙	日曜版	電子版
2023／1 増減	-339	-208	86
2023／2 増減	203	2,369	-2
2023／3 増減	-1,197	-8,206	26
2023／4 増減	-4,548	-23,104	-8
2023／5 増減	-945	-7,048	11
2023／6 増減	-628	-3,930	60
2023／7 増減	40	247	20
2023／8 増減	-247	-448	18
2023／9 増減	-170	-598	37
2023／10 増減	-75	-123	76
2023／11 増減	265	1,187	15
2023／12 増減	893	2,231	85
1年間の増減合計	-6,748	-37,631	424

共産党が公表した数字を元に作成

行の維持さえ危ぶまれる事態に直面しています」と断言。この一文には、「大幅後退」「大後退」「連続後退」「大きな後退」など、「後退」という文字が9度も登場する。その一方で、「日刊紙、日曜版の発行維持は絶対的課題」「発行の危機が現実のものになりつつあるのが率直な現状」「発行はどんなことがあっても守らなければなりません」と、もはや悲鳴にも近い訴えに満ちている。

霧島市で実施された画期的な調査

赤旗の庁舎内勧誘・配達・集金問

題の是正を求める陳情の動きがかつてない盛り上がりを見せた２０２３年。これを象徴する出来事が年末、鹿児島県霧島市で起きた。私は現地に関係者を訪ねた。

鹿児島県では２０２３年2月、「鹿児島を明るくする会」（鴨野元一代表）が県内の全44自治体に対して、「庁舎内における職員への政党機関紙の勧誘・配達・集金を自粛するよう求める陳情」を提出。陳情書の配布などの措置をした自治体はあったが、残念ながら採択した自治体はなかった。

11月になって、霧島市在住の主婦、中川一江さんが「政党機関紙の庁舎内勧誘行為の自粛を求める陳情」を提出。彼女は72歳。市は陳情者に、短い意見陳述の機会を用意した。中川さんは12月12日、知人２人を伴い、委員会で次のような胸中を吐露したのであった。

「この年になって考えるのは孫、そして未来を生きる若者達の幸せだけです。少しでも良い世の中を残してやりたい…霧島市民のために汗して働いてくださっている職員の方々が、実はこのような『議員からのハラスメントを受けていた』ということが間違ってもあってはならない、解決すべき問題だと思いまして一介の主婦にすぎませんが、微力だけど無力ではないはずと、陳情に至った次第です」

霧島市議会で意見陳述をした
（左から）鴨野元一、中川一江、山口京子の３氏

霧島市では中川さんの陳情を受け、２０２３年11月27日から12月6日にかけて、部長級、課長級ら管理職82人に無記名でアンケート調査を実施。回答者数は79人（96・３％）。質問事項は、「本市市議会議員から政党機関紙の購読勧誘を受けたことがあるか」「勧誘を受けた時の職位」「勧誘を受けた政党数」「勧誘を受けた時の状況」など詳細な質問項目と合わせて、意見を書き込む欄も設けた。これほど質問項目の多いアンケート調査は全国初といってよい。

そこからは、庁舎内で共産党議員がその立場を活用して、職員が購読をするよう圧力をかける、購読を断った後でも、再び勧誘するという「職員泣かせ」の実態が克明に浮き彫りにされたのである。

今後、他の自治体でもこのレベルの質問が実施されれば、実態解明に大いに役立つことであろう。以下に掲載する。


【1】本市市議会議員から政党機関紙の購読の勧誘をうけたことがありますか。

ある67（84・8％）　ない12（15・2％）　回答数79

【2】勧誘を受けた時の職位についてお聞きします（複数回答可）
部長級0（0.0％）　課長級61（87・1％）　グループ長級9（12・9％）　回答数70

【3】勧誘を受けた政党数はいくつありますか。

1政党67（100・0％）　2政党0（0.0％）　3政党0（0.0％）　それ以上0（0.0％）

【4】市議会議員から購読の勧誘を受けたとき、どのような状況でしたか。
勤務中（対面、電話を含む）59（88・1％）　勤務時間以外8（11・9％）
回答数67

【5】問4で、「勤務中（対面、電話を含む）」と答えた方にお聞きします。勧誘を受けた場所はどこですか。

執務室内39（66・1％）　窓口カウンター10（16・9％）　電話7（11・9％）

その他3（5.1％）

【その他コメント】議会一般質問に伴う取材終了後、議会棟にて／通話／執務室外の廊下

【6】市議会議員から購読の勧誘を受けたとき、購読しなければならないというような圧力を感じたことがありますか。

ある37（55・2％）　ない30（44・8％）　回答数67

【7】勧誘を受けた政党機関紙を購読しましたか。

購読した56（83・6％）　購読したが、現在は購読していない7（10・4％）

購読を断った4（6.0％）

【8】問7で「購読した」、「購読したが、現在は購読していない」と答えた方にお聞きします。政党機関紙の配達はどのような方法でされています（いました）か。

自席に配達11（17・5％）　窓口カウンターに配達49（77・8％）　課等のポストに配達1（1.6％）　自宅に配達2（3.2％）　その他0（0.0％）　回答数63

【9】問7で「購読した」、「購読したが、現在は購読していない」と答えた方にお聞きします。購読料金の支払いはどのような方法でしています（いました）か。

勤務中に現金払い60（95・2％）　勤務以外に現金払い3（4.8％）

口座振込またはクレジット決済0（0.0％）　回答数63

【10】問9で、「勤務中に現金払い」と答えた方にお聞きします。どこで支払いを行っていますか（いました）か。

執務室内7（11・7％）　窓口カウンター53（88・3％）　その他0（0.0％）

回答数60

【11】問7で、「購読を断った」と答えた方にお聞きします。購読を断ったが、その後も引き続き、購読の勧誘を受けたことがありますか。

ある2（50・0％）　ない2（50・0％）　回答数4

【12】問6で圧力を感じたことが「ある」と答えた方にお聞きします。その時の職位についてお聞きします。（複数回答可）

部長級0（0.0％）　課長級34（87・2％）　グループ長級5（12・5％）

回答数39

【13】その後、政党機関紙の購読に対し、ご意見があれば記入をお願いします。

▽圧力を感じて購読したわけではないが、これまでの慣習だから断りにくいとは思った。

▽勧誘時に圧力を感じなかったが、全管理職が購読している現状に対し購読しなければいけない、購読しないと不利益を被るのではないかと言う感覚は持っていた。ただし、購読に関して考える時間が必要と返答したところ、それ以降勧誘は受けていないし不利益も生じていない。政党、または会派の機関誌を購入するのは、あくまでも個人の判断によるもので、個人が直接政党、会派を尋ねるのが本来の姿であり勧誘行為はよろしくないと考える。

▽2議員一緒に、直接対面でお願い（勧誘）されると断りにくい。一種の圧力かと。

▽どの政党の機関紙の購読の有無にかかわらず、必要な情報は自ら収集します。

▽購読しない人もいるのか尋ね、断れるのか暗に確認したが、スルーされる。

▽購入についていては各自の判断であるが、今までの管理職の慣例的なものだと思っていた。

▽今更、購読を止めるのも苦慮している。今後、購読を継続しても、しなくても、事務所内での購読の勧誘、新聞の受け取りや購読料の受け渡しはできないようにすべきと思われる。ただ、この件は新聞に限ったことでもなく、事務所内（どこまでを事務所

内とするかは明確でないが）での、お弁当や健康飲料の配達・代金の支払い、金融機関・保険代理店の訪問などもあるので、統一した取扱いを明確に決め、職員全体及び対外的に周知すべきと思われる。（勤務時間内・事務所内の禁止事項等）

▽市議会議員から政党機関紙の勧誘をされると圧力と感じる程ではないものの、購読を断りづらいものではある。私も当時課長級の方々が購読しているのを知っていたため、課長職になったら購読するものなのだろうと購読を始めた経緯がある。（現在は、購読していない。）今回の陳情の内容も参考にしながら、あくまでも個人の契約であるため、強制されるものではないことを職員自らが判断し、購読するかしないかを決定すべきであると思う。実際にどれくらいの割合の職員が購読しているのかを今回のアンケートで知り得ることも、その判断材料になると思う。

▽機関紙を購入しないと、何らかの圧力になるのではないかと思い、購入している。できることなら購読をやめたいが、気が弱いので、できない。できれば、市役所でまとめて「購入しないリスト」を政党に提出できないのか。

▽圧力があった訳ではないが、議員から直接言われると断りにくかった。できれば購読

を止めたい。

▽管理職になってすぐのタイミングで事務所に二人であいさつがてら来られた。面と向かって断りづらい雰囲気を感じて、購読を承諾した。

▽〈購読した経緯〉課長への昇格内示が出た時期に直接議員から勧誘があった。任意購読ではあるが、上司の対応から当然購読しなければならないと思っていた。

▽購読を辞めたいが、言い出しにくい。

▽新聞購読は、個人の自由意思によって契約が行われるべきであり、職位に対し購読「要求」すべきものではないものと考える。職員が、政党構成員からの購読要求に応じないで済むよう、執行部側の一定の指針があってもよいのではないだろうか。

▽購読開始時は、「課長級は全部購読している」と勝手に思い込んでいた。現在は、「購読していない課長級もいる」と聞いているので、今年度を目途に「購読を続ける」「購読を止める」の判断をする予定である。たぶん、「購読を止める」と思います。購読するか、否かの判断は、個人判断で良いと思います。

▽個人の判断だと思っています。

▽議員からの圧力とは感じなかったが、慣行のようなものと考えていたため断りづらいと感じた。受け取りや集金の際、窓口側に座る職員に迷惑をかけていると思っている。
▽課長になったタイミングでの勧誘であったが、グループ長の時には勧誘はなかった。購読希望したものでなく、特に興味のある機関紙でもないため、本音はやめたいところである。
▽課長に昇任したら、勧誘を受け、正直、仕方なく購読を続けているところである。
▽可能であれば、購読をやめたい。

霧島市では、上記の「職員アンケート」の結果を踏まえて、２０２３年12月22日の本会議で「政党機関紙の庁舎内勧誘行為の自粛を求める」陳情を19対4で採択した。

微力だけど無力ではないはず（中川さん）――。いつの時代も、こうした名もなき人の思いが、郷土愛が、人を動かすのである。陳情した婦人の願いである、職員が議員のパワハラに遭遇することのない明るい職場になっているのかを見守っていきたい。

陳情に声をあげた人たちの思い

全国で役所に対して、「赤旗問題」の是正を求める取り組みを進めてきた人たちはどんな思いで、活動してきたのだろうか。その声を2人に聞いた。

兵庫県の山崎道夫さん（仮名）は、兵庫県庁の政党機関紙の情報公開を2016年に行った人物だ。その時点で同県庁では、日刊紙「赤旗」を54部、「赤旗」日曜版を46部、共産党兵庫県委員会発行の週刊紙「兵庫民報」を24部購読していた。中でも、県土整備部総務課は、共産党系機関紙の部数が計64部と突出していた。

その結果を見て、「異常に購読が多い」と感じた山崎さん。そこで山崎さんは、そのデータを知り合いの県会議員らに説明し、是正を求めた。また、自粛を求める陳情も提出。こうした甲斐あって、公的な購読部数は減少。だが、「まだまだ無駄な購読が多い」と言う。

彼に、全国で多くの人が陳情を行うようになるにはどうしたら良いかと聞いた。

「共産党という団体が、危険な団体であるという真相を伝えることですね。そして、赤旗が同党の資金源になっており、パワハラまがいの手口で拡販していることを国民に周知することが最善だと思います」

これまでの自身の政党機関紙削減の取り組みをどう評価しているか。

「共産党の資金を減らせていること。パワハラによる職員いじめと無理な押し売りが減少出来ていること。庁舎内規定の改善につながっていることは、嬉しく思います」

同じく神奈川県で、仲間と共に熱心に取り組んでいる加藤健一さん（仮名）に聞いた。

――神奈川県で購読の政党機関紙の実態を知ったのはいつですか。

加藤　10年前に鎌倉市で赤旗が問題になり、政党機関紙が庁舎内で購読されているのを知り、驚きました。

――その購読実態を見てどう感じましたか。

加藤　これは大きな問題だと思いました。共産党の機関紙が堂々と庁舎内で職員が取られている実態は改善する必要があると思いましたので、いじめられている職員を救済するボランティア活動として取り組もうと思いました。

――それを踏まえてどう行動されましたか。

加藤　鎌倉市の情報をもとに、地元の市町村に「政党機関紙の勧誘の中止を求める陳情書」を出しました。その時は大きな成果はありませんでしたが、２０２３年に友人と、「政党機関紙の庁舎内勧誘の自粛を求める神奈川県民の会」を立ち上げて、神奈川県全部に陳情を出す市民活動を始めました。

――現状をどう評価していますか。

加藤　県民の会で情報公開して調べたところ、神奈川県ではほとんど公的部数はありませんでしたが、川崎市だけはまだ30部も市として購読しているのが不満です。市長にも要望書を出して減らすようにお願いしています。

――神奈川県では県内の3分の1の自治体で陳情が可決しました。成功の理由は何だと思いますか。

加藤　共産党の機関紙だけに限定しないで、庁舎内で議員が政党機関紙を勧誘するのはパワハラに当たるので、調査をして市民に明らかにしてほしい。職員を守ってあげたいとの思いが議員に通じたのだと思います。また、委員会で意見陳述の機会を積極的に希望して、議員と正面から対決したことも良かったと思います。なかなか大変でしたが、陳情者がわざわざ意見陳述に来るならと、委員会付託できたのが良かったです。

――陳情を全国で多くの人が行うようになるにはどうしたら良いとお考えですか。

加藤　多くの市民は、庁舎内で政党機関紙の勧誘が行われている実態を知らないと思いますので、まずはそのような実態を、メディアがもっと取りあげてほしいですね。その点で令和6年3月24日付の読売新聞が社会面で大きく議員による職員へのパワハラの記事を書いてくれたのは追い風になると思います。

――政党機関紙削減の取り組みを振り返ってどう評価されていますか。

加藤　10年くらい前は、陳情を出しても議員配布で無視されてきました。しかし2020年6月にパワハラ防止法（改正労働施策総合推進法）が施行され、地方公務員が保護の対象となり、議員が職員に政党機関紙を勧誘するのは強制、パワハラになるという社会の流れ（コンセンサス）になってきていると思います。

この神奈川県の運動が全国に広がり、庁舎内の政党機関紙の勧誘が中止されると、神奈川県民の会として嬉しいです。

巻末特別資料　その一

【議員向けQ&A】「赤旗」問題　共産党議員の主張内容とその反論

この「議員向けQ&A」は、「公務員の職場環境を考えるページ」というサイトに掲載された庁舎内の「赤旗」問題を扱ったものです。わかりやすい視点で整理されており、制作者の許可を得て、一部を抜粋。原文を尊重し、「ですます」調で掲載します。

共産党議員の主張内容はどれも無理筋であり、すでに使い古されたものばかりです。どれもすでに論破されていますので、以下の通りで、おおよそ対応いただけるものと思います。ご参照ください。

---

①議員には「政治活動の自由」がある。したがって、議員は庁舎管理規則に縛られない。

《反論》 地方議員の政治活動の自由は保障されるが、何事も無制限というわけではありません。「庁舎内管理規則で無許可の営業禁止」と定められている以上、「営業行為」に関しては、その制約に服するのは当然のことです。とりわけ庁舎内での勧誘は、アンケート調査結果を見ても、「職員にとってはパワハラ」との疑念が残らざるを得ません。庁舎管理規則を遵守し、無許可での庁舎内の勧誘にはケジメをつけるべきです。

政治活動の制約についての判例として、市役所前広場の護憲集会不許可は「合憲」とした最高裁判決があります。

参考判例で、「猿払《さるふつ》事件」、「堀越事件」（いずれも公務員の政治活動について争われた事件）など実際には、職員に対する政党機関紙勧誘がパワハラにつながる懸念があるので、庁舎管理規定にかかわらず、庁舎内ではすでに自粛している政党が大多数かと思います。もし今も勧誘している政党があれば、ぜひ自粛いただきたいです。

②これは政治活動であり営業ではありません。

《反論》政治活動と言えば、どこでも物品販売できるという理屈は通りません。例えば、議員さんが市内のスーパーマーケットに行って、そこの従業員に政党機関紙の販売をし始めたら、店長は「ここではやめてください」と言うでしょう。

それでも、議員が「政治活動の自由」を主張して販売を続けたら、警察に通報されると思います。では、庁舎内での新聞勧誘行為に、許可を取って販売しているのでしょうか。正式には取っていないですよね。どうして申請しないのでしょうか。

③職員には「思想・信条の自由」があり、機関紙購読は自由だ。

《反論》職員にも「思想信条の自由」が尊重されるのは当然のことです。しかし、職場で購読する気もなかった特定政党の機関紙にお金を払い続ける現状は、思想信条の自由とは言えませんね。むしろ、「思想信条の自由の侵害」行為です。

また職員は、地方公務員法第36条により、とりわけ公共施設において、政治的中立性を保たなければなりません。公務員は市民全体の奉仕者であり、一部の奉仕者であってはならない（憲法第15条2項）からです。公共施設内で特定政党の機関紙の勧誘・配達・集金への協力を強いられる事態は「思想信条の自由の侵害」であり、同時に「政治的中立性の侵害」に当たるでしょう。

一方、自宅配達であれば、市民の目を気にすることなく、職員自身の「思想信条の自由」に基づき自由に購読することができます。本当に読みたいのであれば、勧誘を受けなくとも、政党ホームページから申し込むものでしょう。地方公務員であれば、公共施設内での政治的中立性への疑義はもたれないよう、自宅購読に切り替える等の努力が求められているのでしょう。

大前提として、職員の購読の自由以前の話として「勧誘する側の問題」を指摘すること。そして、職員の方もあらぬ誤解や問題を防止するために、新聞や機関紙はプライベートな場所で購読するように努めていただきたいと思います。

④市役所職員が職務上必要だから購読しているのではないか。

《反論》公務で赤旗が必要なのか甚だ疑問です。実際に、職員は勧誘を受けて購読しているのであって、必要性にかられて「勧誘を受けず」に自ら購読している人は、共産党支持職員を除いては、皆無ではないでしょうか。

政党支持の動機ではなく、もし赤旗がないと行政の仕事に支障が出ると主張する職員が多いのであれば、各政党から政党機関紙を無料で贈呈してもらい、資料室などで閲覧できるようにすべきでしょう。特定政党の新聞だけが業務に必要だというのも不自然です。各党平等に無料提供なら行政へのあらぬ誤解も避けられるでしょう。

⑤個人間の契約に行政が介入すべきではないのではないか。

《反論》「個人間の契約なので」などと言われても、原則として、庁舎内で無許可での営業活動は禁止だという理解は行政や議員、職員の共通理解です。勧誘が1人、2人でしたら、個人間で話があったと言えなくもないですが、勧誘人数が10人、20人、ひいては50人、100人なら、明らかに政党機関紙拡大のための「意図的勧誘」です。また、個人間の契約というのは、お弁当の注文のように、職員が業者に依頼して届けてもらう時に成立する話であって、反対に、業者が職員に勧誘する、議員が職員に勧誘するというのは、許可されていない営業行為に他なりません。

⑥職員の休み時間中なら勧誘してもいいのではないか。

《反論》たとえ職員の休み時間でも、庁舎内の勧誘行為は禁止です。また、執務室内では業務をしている人が周りにおり、個人情報保護の観点からも、執務室に立ち入っての勧誘や集金、配布はできないでしょう。

一方で、執務室外の公共スペースは、住民が見ているスペースですから、そこで金銭のやりとり（特に購読料＝政治献金）をするのは、職員の政治的中立性が疑われる行為です。つまり、庁舎外で行っていただくことで、あらぬ誤解や問題が防げます。個人の契約は、原則庁舎外で。

⑦職員が休み時間中に政党機関紙を読んでもいいじゃないか。

《反論》まず強調しておきたいのは、この陳情は、職員の購読が問題だと言っているのではなく、議員が無許可で勧誘しているのが問題であり、購読をしたくもない政党機関紙まで断れずに購読させられている、ハラスメントの実態があれば改善すべきだと言っています。自己正当化のために、問題をすり替えないでください。

職員に対しても、市民や周りの職員に対して与える政治的影響やハラスメント誘発の防止を考えると、個人の政党機関紙を庁舎内に持ち込んで読むのは控えるべきでしょう。が、今はそれ自体を大きく問題視しているわけではありません。

⑧職員が自分の机で政党機関紙を読むことが政治的中立性を侵すというのか。

《反論》本人が特定政党の主張を宣伝しようという意思を持って、周囲に政党機関紙を見せていれば、それはアウトでしょう。また、本人の意図がなくとも結果的に、特定の政党機関紙が周囲の人に見られて宣伝につながるのであれば、それは庁舎内の政治的中立性を侵す行為であると言えます。

また、政党機関紙はどの政党でも、選挙期間前後には、「○○党を応援しましょう。○○党を打倒しましょう。○○党が当選しました」といった文言が大見出しでついています。これらを机の上に置いておけば、当然に、周りの人の目に入るでしょうし、周りの人の政治的影響、投票行動にも当然、影響を与えるのではないでしょうか。機関紙は党の政策を伝え、選挙結果に影響を与えるために発行しているわけですから。

職員としては、特定政党を支持していると誤解されるような言動はできる限り避けるべきですし、庁舎内で特定政党の金銭的要求に応える姿（特定政党への政治献金をしている姿）を市民に見せることも望ましいことではありません。

また、庁舎内に特定政党の機関紙だけが多く購読されている、という事実を市民に知られれば、市民の多くが疑念や不安を抱くのではないでしょうか。庁舎は誰にとっても、安心して通える開かれた場所であるべきでしょう。

⑨市役所担当窓口への具体的な相談があるのか。

《反論》 共産党議員は「実際にパワハラ被害の相談に来た職員がいるのか」と質問してくるかも知れません。もちろん相談窓口での対応状況は最低限必要でしょう。しかし、実際の問題は、相談に来ることのできない職員がほとんどだということです。

千葉県長生村アンケートを見ても、職員が行政や上司に相談できない理由として、「相談しても解決しない」「相談したら立場が悪くなる」「仕返しを恐れた」と答えています。

また、職員にアンケートを取ってみると、勧誘を受けた職員の2人に1人もの方が心理的圧力を感じています。長生村や熊本市、柏市のアンケートでは、自由記述の回答に対して、「政党機関紙の勧誘、強要」は「パワーハラスメント行為であり、やめてほしい」と明確に訴えています。

もしあなたがお住まいの市町村で、政党機関紙を勧誘されている事実があるとすれば、それは職員がハラスメントだと感じている可能性が高い行為と言えます。可能性があるので、庁舎内に限っては勧誘を自粛するとか、もし勧誘を続ける意思がある議員がいるなら、少なくともハラスメントと感じている職員がいないかどうか実態を調査してください、というのが陳情の趣旨です。

ですので、実態把握のためには、まずは職員の本当の声を匿名アンケート調査で聞いてみることです。匿名のアンケートをすることで、職員の本音が聞けて、ハラスメント防止と職場の環境改善につながるものと考えます。

⑩勧誘時に強制しているわけではない。わが市にハラスメントはない。

《反論》無論、政党支持者や議員の後援者には、喜んで政党機関紙を購読してもらえるでしょう。しかし、庁舎内の購読においては、支持者でも、後援者でもない方がほとんどかと思います。それゆえ、「断れないから購入する」という事由の購読が蔓延している異常な状況です。

繰り返しになりますが、統計上、どの自治体でも議員による勧誘により、2人に1人、3人に1人の職員がハラスメントを感じています。お住まいの自治体でも政党機関紙の勧誘が事実であれば、そこにハラスメントを感じている職員が1人もいないと考えるのはかえって不自然です。したがって、勧誘行為があれば、そのことで職員がハラスメントを感じる疑念は当然起こり得るもので、その実態を確認することが重要だと思います。

熊本市では職員が「勧誘をやめるよう組織として対応してほしい」と要望し、行政が重い腰を上げて規制に動いた実例もあります。宮城県のある県議は、「議員と職員は本来対等だが、職員は勧誘されたらやはり断りづらいだろう」と話しています。

また、千葉市議は実態調査を踏まえ、議会で「毎月、週刊紙代金930円を支払うことは、職場内の雰囲気がよくありません。嫌いなものにお金を払わなければならないのですから」と発言しました。なお、長生村のハラスメントアンケートを主導したのは、共産党議員でした。「政党機関紙購読の強要こそハラスメントだ」という回答が多くあると予測していたら、アンケートは実施しなかったでしょう。

つまり、販売する側はハラスメントの自覚はなくても、販売される側はハラスメントを感じている、というギャップがあることを自覚すべきです。

⑪執務室に入らず、カウンター越しに受け渡ししているので、配達に問題はないはずだ。

《反論》配達時に執務室内に入らないのはルールとして当然で、今後も厳守してください。なお、庁舎内で配達の事実がある自治体においては、政党機関紙の集金・配達に関するガイドラインが必須であることも訴えたいと思います。

その基準として、特に藤沢市役所におけるガイドラインは参考になると思います。藤沢市では、配達は執務室以外で行うようにルールを定めており、カウンター越しの受け渡しも職員が執務室内で受け取ることになるので、不可としています。また、市の施設に設置されたポストでの受け取りも不可としています。ぜひ参考にしていただきたいと思います。

⑫実態調査は思想信条の自由を侵害しており不当である。

《反論》共産党議員は、川崎市の実態調査に関する裁判事例（２００３年）を持ち出して来るかも知れません。しかし、重要なのは「調査は適法」と判断され、共産党職員らの訴えが棄却されたという事実です。

共産党の５人の担当弁護士も、「政党機関紙を購読したかという質問について、直ちに思想及び良心の自由の侵害とはならないとされた」「アンケートの強制性に関する私たちの主張は退けられた」と証言しています。

政党機関紙勧誘の事実があれば、自治体として直ちに実態調査を実施すべきです。２０１９年２月に実施した金沢市の事例をもとに、匿名性が担保される調査手法を選べば良いだけです。また、議員自身が管理職に直接本音を聞いてみることも有効です。日常の立ち話でもよいのです。本音を聴くことが大事です。

「政党機関紙の勧誘を受けたことがあるかどうか」と聞いてみるだけで、大方状況が把握できると思います。ある議会では、議員の聞き取りの結果、共産党議員による半ば強制的な勧誘活動の実態が議会で暴露され、共産党議員自ら「断れないとの理由で購読するのは良くないと思う」と自省する場面も見られました。

共産党議員と言えども、パワハラ勧誘の実態が明らかになり、多少でも議員としての良心があれば、自粛されるでしょう。

ある地方議員が、パワハラに当たるのではないかと考え、職員20人ほどに聞いてみたところ、9割が「やめてほしい」「どちらかといえばやめてほしい」。あと1割は「どちらでもない」という結果でした。職員が嫌がっているのであればやめた方がよいと考え、その地方議会では、陳情が採択されました。

⑬職員に購読の有無を問うような、実態調査には反対する。

《反論》購読の有無を問うているのではありません。庁舎内で勧誘している事実があるか、勧誘された時にハラスメントを感じるようなことはなかったかを問うための匿名・任意回答のアンケートです。

他自治体の事例を見ても、職員のグループウエアを使ったアンケートを実施することで、匿名性を担保しています。パワハラ防止法にも地方自治体に対して、「事実関係を迅速かつ正確に確認すること」「事実確認ができた場合には、速やかに被害者に対する配慮の措置を適正に行うこと」「再発防止に向けた措置を講じること」を求めています。

⑭共産党という公党への攻撃ではないか。

《反論》陳情内容は、どの政党に対しても平等にハラスメントの防止と、庁舎内のルールの順守を要望するものです。公党であるなら、なおさら、ハラスメント撲滅とルール違反撲滅に積極的に協力いただきたいものです。

巻末特別資料　その二　陳情書、要望書

政党機関紙の庁舎内勧誘行為の自粛を求める陳情

（議会、自治体に実際に提出された事例より）

＜陳情理由＞

近年、全国市区町村の庁舎内で、政党機関紙の勧誘（営業）・配達・集金が無許可で行われていることが問題となっており、その是正のために、昨年から今年にかけて地方議会40か所以上で、庁舎内における勧誘・配達・集金の自粛を求める陳情が採択されました。

各種メディアでもその実態が報告されていますが、「しんぶん赤旗」などの政党機関紙をこれほど多くの職員が購読している（または、させられている）ことに驚愕しています。特に、議員に勧誘され、「購読しなければならないというような圧力を感じた」と答えた職員の割合が、少ない自治体でも3割、多い自治体では8割にのぼっていることは、大変深刻な事態でしょう。これも自治体が調査して初めて明らかになったことであって、職員が自ら声を上げることがどれだけ勇気がいることなのか、想像に難くありません。

庁舎内において、議員による職員に対するパワハラ行為、セクハラ行為などは絶対に放置してはなりません。2020年6月にパワハラ防止法（改正労働施策総合推進法）が施行され、地方公務員が保護の対象となりました。また、地方議員によるハラスメント行為防止のために、新たに条例が制定されるなど、社会の一層厳しい目が向けられています。全国の複数自治体において「心理的圧力を感じた」という深刻な実情が報じられていることから、○○市においても、政党機関紙の勧誘・配達・集金行為に関して心理的圧力を感じている職員がいないか現状把握に努めると共に、庁舎内管理規則に基づくルールを明確にしてください。とりわけ、庁舎内の政治的中立性に疑念をもたれぬよう、職員で自主的に読みたい方は自宅を配達先するなど、住民の不安を解消してください。

＜陳情項目＞

①庁舎内管理規則に定められている事項を厳守し、住民の大切な個人情報を預かる執務室内に許可なく立ち入り、政党機関紙の勧誘・配達・集金が行われないようにしてください。

②政党機関紙の購読は個人の自由であり、制限されるべきものではありませんが、庁舎内

の政治的中立性への疑念を払拭するために、自主的に読みたい方は自宅を配達先とする旨を職員に通達するなど指導を徹底してください。

③職員が庁舎内で政党機関紙を勧誘されたり、その際に心理的な圧力を感じたという実態が本当にないのかどうかを、職員に寄り添って調査・確認してください。

政党機関紙の庁舎内勧誘行為の自粛を求める○○の会

代表　○○○

政党機関紙の庁舎内勧誘における実態調査を求める要望書

<要望趣旨>

全国市区町村の庁舎内で、政党機関紙の勧誘（営業）・配達・集金が無許可で行われていることが問題となっており、その是正のために、令和5年だけで地方議会35か所以上で、庁舎内における勧誘・配達・集金に関する実態調査及び自粛を求める陳情が採択されました。

各種メディアでも実態が報告されていますが、庁舎内で、特定政党の機関紙をこれほど多くの職員が購読している、またはさせられていることに驚愕しています。特に、議員に勧誘され、「購読しなければならないという圧力を感じた」と答えた職員の割合が、少ない自治体でも3割（3人に1人）、多い自治体では8割（5人に4人）にのぼっていることは、大変深刻な事態でしょう。これも陳情提出を受けて、各自治体がアンケート調査を実施して初めて明らかになったことです。

そこで、これらの調査結果を踏まえ、○○市長及び担当課の方に**「庁舎内における政党機関紙勧誘の状況」の調査実施と状況把握**をお願いしたく、本要望書を提出いたしました。

添付資料として、**討議資料1**「政党機関紙勧誘について職員アンケートを実施した結果事例」を添付しております。2ページにわたり、10自治体で「心理的圧力を感じた職員の割合」が掲載されています。

特に注目していただきたいのは、朝日新聞、千葉日報等が報道しました「千葉県長生《ちょうせい》村における、議員から職員へのハラスメントのアンケート結果」です。長生村では、議員が職員に暴行してけがをさせる事件が発生しました。村議会が「もしかしたら他にもハラスメントがあるのではないか」と危機感を持ち、職員にアンケートを実施したのです。

このアンケートの結果、新たに明らかになったこと。それは、上位4番目にあります「政党機関紙の勧誘、購読の強要」の実態でした。その数は、「食事・酒を強要される」「理不尽な罵倒を受ける」の約2倍もの数です。多くの職員が、政党機関紙を断れない、強要されていると感じていました。だからといって、行政担当課や上司に相談したかというと、相談できなかったというのです。勧誘・購読にストレスを感じるが、自分が我慢すれば済むこととあきらめてきた現状があります。また、議員からの仕返しを恐れて相談できなかった職員が多数おりました。

ハラスメントには加害者と被害者がいます。そして、「ハラスメントする側」は自覚がないことが多いのでしょう。また、ハラスメントを感じている職員が、担当課に相談するケースはほとんどないのが現状と言えます。また、行政による実態調査も行われず、**「議員と職員との個人的関係で起こっていること」として、継続的なハラスメント行為が黙殺されてきました。**

ですから、○○市においても、「政党機関紙勧誘行為が既に厳格に禁止されており、庁舎内における勧誘行為は一件もない（したがってハラスメントは起こりえない）」と断言できる状況でないのであれば、勧誘行為に伴うハラスメントの実態が本当にないのかどうか、調査・確認をしてくださいますよう強く要望いたします。

＜要望項目＞

①庁舎内で、職員が政党機関紙を勧誘されたり、その際に心理的な圧力を感じたという実態がないかどうかを、職員に寄り添って調査・確認をしてください。仮に心理的圧力を受けた職員がおられた場合には、適切に対応してください。

②**討議資料2**として、「政党機関紙の購読勧誘に関する自治体の対応事例」を同封しましたので、担当部署にお渡し下さり、今後の職務改善の参考にしていただければ幸いです。

③**討議資料3**として、全国の市町村の陳情の採択、趣旨採択の状況を同封しました。令和5年だけで35議会で採択されており、陳情採択がなくとも迅速な現状調査を実施している自治体がございます。２０２０年6月にパワハラ防止法（改正労働施策総合推進法）が施行され、また、ハラスメントに対する社会の目が厳しくなったことから、必然的な傾向と考えられます。あわせて、担当部署と共有をお願いいたします。

④これは確認ですが、庁舎内の政党機関紙の勧誘行為は、庁舎管理規則では、①明確に禁止行為としているのか、②許可申請が必要な事項としているのか、③政党機関紙の勧誘は、庁舎管理規則の対象外としているのか、明確な見解をお聞かせください。

最後に、市民が安心して市役所を利用できるように、市民から庁舎内の政治的中立性への疑念をもたれることがないように、職員にもはっきりとした対応をお願いいたします。
詳細は「公務員の職場環境を考えるページ」のサイト
(https://seitoukikanshi-choshanai-kanyuu.hp.peraichi.com/)をご覧ください。

あとがき

２０２４年1月中旬に開催された共産党大会で、田村智子氏（58）が委員長に就任した。志位和夫委員長（69）から実に23年ぶりの交代だ。同党初の女性委員長になった背景を、朝日新聞は「党勢低迷に加え、身内からの批判が上がる閉鎖性といった負のイメージを刷新する狙いがある」（２０２４年1月18日）と指摘した。

女性委員長になって、共産党のイメージも少しは明るくなるかもしれない、と関係者の間で淡い期待があったかもしれない。しかし、大会2日目の16日に発言した大山奈々子・神奈川県議に対して、田村委員長が痛烈に非難し、関係者を落胆させた。

合わせて私が驚いたのは、党員半減の理由の一つに、党員拡大より赤旗の読者を増やすことに軸を置き、党員拡大の努力を弱めた、との分析をし、これは党中央の方針の誤りであったと発言したことだ。

外部から見れば、共産党は「党員拡大、機関紙の１３０％拡大」を最も強調して訴えてきたのではないのか。過去も現在も、その方針を貫いているように見える。しかし、党員を拡大するというのは、志を同じくする人を探し出して、仲間になってもらう、同志になってもらうということだ。これは共産党に限らず、どのような団体においてもおいそれとできることではない。赤旗を読んでいると、赤旗読者の集いを地域で開催し、その中でこれはと思う人に、入党を案内したという記事が目に入る。現場では必死になって、赤旗読者を党員にしようと懸命の努力をしているのだ。

一方、赤旗の拡大がどれほど大変かは、本著を読んでいただければこれも一目瞭然だ。これまで述べてきたように、赤旗などの機関紙収入が共産党の活動の財源の柱である。国からの政党助成金受け取りを拒否している共産党にとって、収入の8割以上を占める機関紙等収入は、まさに「命綱」。しかし、そうであるならば、この命綱が細くならないように大切に守るべきだが、共産党本部はそのような扱いをしていない。すなわち、赤旗を拡大した人への報酬、また、配達・集金をする人への報酬、バイクの手配、ガソリン代の支給などは全く雀の涙であり、ほぼボランティアなのである。

80万部を超える機関紙の部数を維持したいというのであれば、毎月最低5000部の新規拡大が必要となる。年間6万部の拡大、これができて初めて部数は維持できるかどうかだ。

実際、2023年の1年で、日刊紙・日曜版合わせて約5万部の赤旗が減紙となっていることから見ても明らかだろう。これを実現可能とする人員と体制、報酬を用意せず、精神論で訴えるのは、全くもってナンセンスだ。

共産党の地方議員が庁舎内勧誘を無理強いしてしまうのは、こうした背景があるからだ。しかし、そのことのゆえに共産党への支持、信頼が失われてしまっているということに党幹部は気づくべきだろう。

私は数年前から、共産党に改善策を提示してきた。が、聞く耳を持つこともしなければ、改めることをしない。だから、私は言う。

「赤旗」が白旗を上げる日は近い、と。その日は、100年の歴史を持つ共産党が終焉を告げる時でもあろう。

さて、この本を仕上げるために、私は多くの友人の物心両面のサポートを受けた。その方々に、心からの感謝を申し上げたい。そして、この書籍の本当の筆者は、全国各地で陳情に汗に涙された方々や、議会で勇気を持って、事態改善のため発言し、行動された議員の方々ともいえる。彼らこそ、義人である。心からの敬意を捧げたい。

陳情採択のうねりは2024年に入っても留まるところを知らない。3月議会で、14の自治体で採択された。自治体名は次の通り。

福島県　川俣町
栃木県　宇都宮市、壬生町
埼玉県　上里町
東京都　港区、目黒区
神奈川県　真鶴町、松田町
愛知県　蒲郡市
兵庫県　明石市、芦屋市、西宮市、豊岡市
鹿児島県　指宿市

こうした流れが全国各地の役所で展開され、そこで働く公務員の方々がパワハラから解放され、明るい職場になることを念じてやまない。なお、本書に記した購読部数は、調査の主体、出先機関を含むか否か、などの違いで、数字に若干の誤差が生じていることを了承願いたい。また故人の敬称は略させていただいた。

本文の一部に月刊誌「Ｗ・ｉ・Ｌ・Ｌ」２０１８年2月号掲載の私の記事「全都道府県調査レポート　県庁で『赤旗』購読の怪」、同２０１８年3月号「パワハラによる『赤旗』押し売りの陰湿」、また日刊紙「世界日報」への寄稿を編集したものも含まれている。

主な参考文献として、「しんぶん赤旗」「世界日報」「産経新聞」のほかに
立花隆『日本共産党の研究』（講談社文庫）
篠原常一郎『日本共産党　噂の真相』（育鵬社）
中北浩爾『日本共産党　「革命」を夢見た１００年』（中公新書）
産経新聞政治部『日本共産党研究　絶対に誤りを認めない政党』（産経新聞出版）
兵本達吉『日本共産党の戦後秘史』（産経新聞出版）
筆坂秀世『悩める日本共産党員のための人生相談』（新潮社）
福富健一『日本共産党の正体』（新潮新書）
杉田水脈『なぜ私は左翼と戦うのか』（青林堂）
福田博幸『日本の赤い霧　極左労働組合の日本破壊工作』（清談社Publico）

『月刊日本』２０１４年４月号（K＆Kプレス）

「Q＆A　支部の機関紙活動の手引き　改訂版（２０１０年）」（日本共産党中央委員会出版局）

日本共産党愛知県名古屋市中北地区常任委員・県選対部員だった宮地健一氏のHP

最後になってしまったが、家庭を持ってから40年近く、私の取材活動を陰で支えてくれた妻に心からの感謝を捧げる。

令和６年４月　富山の自宅にて

鴨野　守

「赤旗」が、白旗を上げる日 —日本共産党の終焉—

2024年５月25日　初版第１刷発行
著　者　鴨野　守
発行者　武津文雄
発行所　グッドタイム出版
〒141-0061　東京都中央区銀座7-13-6 サガミビル2F
編集室 Tel：0475-44-5414　Fax：0475-44-5415
e-mail：fuka777@me.com